理科オンチ教師が輝く
科学の授業

板倉聖宣・堀江晴美 著／犬塚清和 編

やまねこブックレット教育⑥　　　　　　　仮説社

編者まえがき

犬塚清和

「ここに豆電球と電線と電池があります。さて，みなさん。これを使って豆電球をつけることができるでしょうか？」

　これは，本書に全文を収録した授業書《まめ電きゅうと回ろ》の最初の問題です。また，ぼくが中学生や高校生にもやっている定番の授業でもあります。ふだん手にすることのない豆電球は，女子高生にかわいく映るのでしょう。ニコニコしながら手に取って眺めてくれます。この問題だけで終わってもいいのだけれど，ついでに授業書の「豆電球とソケットの仕組み」までやれば，「そうだったのか，勉強した」って思ってもらえるのは間違いありません。恐る恐るやって，無理しない。でも「少しだけ無理して生きる」のも，ぼくは好きです。〈新しい自分〉に出会うことができるからです。

　この本には「理科オンチ教師」という表題がついていますが，〈理科オンチ〉と〈理科嫌い〉は必ずしも同じではないでしょう。ぼくは「理科教員の免許状」をもっていますから，〈理科好き〉とはいえないまでも，少なくとも〈理科嫌い〉ではありませんでした。ところがというか，当然のことながら，中学の理科教師になって〈教えることの難しさ〉──「知っていることとそれを伝えることの間にある深い溝」に直面したのです。

　それにしても，そもそも「理科オンチ」とはどういう人のことなのでしょうか。板倉聖宣さんは，本書に収めた講演記録「理科オンチ教師のための科学教育入門」の中で，理科オンチとは「まだ"科学"が自分の心の

中に存在していない人たち」だと言っています。つまり,「理科オンチ教師」というのは〈科学にまだ入門していない教師〉のことです。ならば,「科学に入門する」とはどういうことなのでしょう。板倉さんはこう続けます。

　私は,〈楽しくわかる〉ということでなければ本当にわかっているとは言えないと思うのですが,幸か不幸かこれまでの教育は,〈楽しくないのにわかってしまう教育〉しかしてきませんでした。〈何しろこの問題はこのように解くと答えが出てきてマルがもらえる〉という優等生を育ててきたのです。だから,先生方がそのように教わってきて,「自分がそうしてわかっちゃったんだから,子どもたちにもそう教えてかまわないだろう」と考えて,つまらない教育,押しつけ教育を再生産することになります。（傍点は筆者による）

　これまで科学を「楽しくわかった」という体験のないぼくも,自分では理科嫌いという意識はなかったけれど,やはり「理科オンチ教師」であったのです。そして,子どもたちにうまく教えられないことを気にしながらも「押しつけ教育を再生産する道」に行かざるを得なかったわけです。
　そうなりかけたときに,ぼくは運よく板倉さんが提唱する"仮説実験授業"に出会ったのでした。
　こうしてぼくと仮説実験授業との長いつき合いがはじまるわけですが,あるときぼくの授業を見た方から,「犬塚さんの授業は,先生がしてるというより,近所のお兄ちゃんがやっているみたい」という感想をもらいました。この〈生徒と一緒になって,気楽に,授業書の一つ一つの問題を"おもしろいね"と言いながら授業をする姿〉は,「お兄ちゃん」が「お爺ちゃん」に変わっただけで,今も続いているような気がします。

　そして,この「理科オンチ教師」という言葉を強烈に意識させてくれたのが,堀江晴美さんの授業記録「理科オンチ教師の楽しい授業」でした。彼女は自分を振り返って,こう語っています。

　教師１年目で５年生を受けもったときのこと,私は子どもたちと一緒に電磁石を作っていました。ところが,私のだけはたらいてくれないのです。ほ

とほと困っていると，工作好きの男の子が教えてくれました。——「先生，つかないはずだよ。エナメル線，はがしてないんだもん」／これは私の理科オンチぶりを示す氷山の一角でしかありませんが，まさかこんなにひどいとは，自分でも知らないことでした。それは，中学時代の教師が私に「5」をつけていてくれたからです。通知表で「5」をもらうことと，本当の学力とはちがう。／私のような理科にヨワイ教師にでもできる理科教育はないものだろうかと考えました。そして，出会ったのが〈仮説実験授業〉だったのです。

堀江さんの授業記録が雑誌『ひと』に載ったとき，大学の先生から「これは理科オンチでもということで，理科オンチでなければもっといい」という投書がありました。ぼくも一瞬そうかなと思ったけれども，それに対して板倉さんの「理科オンチだからいい」という意見を知って，がぜん「理科オンチ」に好感をもって納得しました。「そういう教育に落伍した理科オンチの先生方が楽しくてはじめてわかったような事柄は，子どもたちの認識にうまく合った教え方をすることができるのではないかと思うのです。そういう立場で，私どもは科学教育をつくり直そうと考えているわけです」と板倉さん。この本の最後に収録された授業書「まめ電きゅうと回ろ」も，そこから生まれたひとつの具体的な成果です。

今，《まめ電きゅうと回ろ》という授業書はありません。1977年の改訂でタイトルも《電池と回路》に変更されたからです。片方にあって片方にない内容もありますが，荒削りのダイナミックさの点で《まめ電きゅう…》は捨てがたく，小学校低学年ではこちらの方がやりやすいのではないかという思いもあって，巻末に全文を収録しました。

「子どもたちに学習意欲がない」「だから授業がうまくいかない」という声が教育現場では聞こえてきます。でも，教師がそれを言ってしまってはおしまいです。教育は人間的な行為です。相手も自分も人間です。先生方が〈自分の感動をもとにした授業〉をしてくださることを願っています。

(2017.7.13)

理科オンチ教師が輝く 科学の授業

板倉聖宣・堀江晴美 著　犬塚清和 編

編者まえがき……………………………………………犬塚清和　2

理科オンチ教師のための科学教育入門……… 板倉聖宣　6

はじめに　6／「認識の論理」を優先する　7／「知る喜び」とは　9／理科オンチと〈楽しくわかる喜び〉10／知的好奇心をよびおこすキワドイ問題　12／「知るに値すること」を知る楽しさ　14／「楽しさ」が学びはじめる動機　17／真理は多数決で決まらない　19／教育の目標自身が差別的　21／ビリビリしたり，しなかったり——程度の問題　23／見れども見えず　25／おわりに——「わかる授業」より「楽しい授業」を　28

理科オンチ教師のたのしい授業
小学２年生と《豆電球と回路》……………………… 堀江晴美　30

はじめに　30／理科オンチはすばらしい　31／仮説実験授業は母親も変える　32／チビッ子先生の誕生　33／ソケットがないと豆電球はつかない？　34／電気が１周しなければ，電球はつかない　37／心の目をはたらかせれば，見えないところも見えるのさ　42／アタマをちょっと使えば，わかってしまうのだ　45／豆電球のガラスはあってもなくても同じなのか？　47／「先生に聞いたってダメなのだ」50／エナメル線も銅線も同じなのか　52／電気よ，お前はどこにいく？　56／電池がカイロになっちゃった　58／電気は消えちゃうのかな　59／エンピツが電気を通すなんて，そんな……　62／銀紙は電気を通さないか①　65／銀紙は電気を通さないか②　67／スイッチ，全員作れたのだぁ　69／授業記録をとることのすすめ——あとがに代えて　75

授業書《まめ電きゅうと回ろ》1972年版全文………… 78

初出一覧　………　110

理科オンチ教師のための
科学教育入門

板倉聖宣　　国立教育研究所（当時）

＊1974年12月7日，愛知県大府市教職員組合婦人部主催の講演会での講演記録。犬塚編集・印刷のものに筆者が手を加えたものが『第Ⅱ期 仮説実験授業研究 第4集』（仮説社）に掲載された。今回の再録にあたっては，講演特有の言い回しや表現を簡素にし，段落構成や見出しも改めた。〔編者：犬塚清和〕

● はじめに

　板倉でございます。

　本日は組合の婦人部の人から「科学教育の基本的な問題について話してくれないか」という話があったので出てまいりました。「特に女の先生は，理科に弱い」とか「科学に弱い」とかいわれます。実際そういう面がなくもないと思いますので，そういうことに関連して二，三話をしてみるつもりです。

　私が関係している『ひと』[1]（太郎次郎社）という雑誌に，堀江晴美さんという女性の先生が「理科オンチはすばらしい」という授業記録を書きました（本書30ペ）。これに対して，「それは"理科オンチもすばらしい"

（1）雑誌『ひと』は，1973年2月から2000年8月まで刊行されていた教育総合誌。数学者の遠山 啓（ひらく）さんを編集代表とし，筆者も79年まで編集委員を務めていた。なお，『ひと』のバックナンバーの在庫が有るものについては，太郎次郎社エディタス（http://www.tarojiro.co.jp/）から購入することができる。

ということではないか，そのように言いかえるべきではないか」という投書もきておりますが，じつは私は「必ずしもそうはいえなくて，場合によっては，理科オンチの方がすばらしいのだ」という考え方を持っております——というと，理科に強い人から叱られそうですが，私はもともとそう思っておりますのでごかんべんを願います。別に女性の方，つまり理科オンチだと自認している方におもねるつもりではないのです。今日は，そういう側面のことを特に話させていただきます。

＊

　最近よく，「楽しい授業をしなきゃいけない」と言われるようになりました。〈楽しい授業〉といったときに，またすぐ思い出されるのは，「この授業は子どもたちの目が輝いていた。子どもの目がランランとしていた。ああいう授業はすばらしい」などという話です。こういうとき，「子どもの目が輝いていた」というんですが，私はいままで「先生の目が輝いていた」という話は聞いたことがありません。私は「子どもの目が輝く」というような授業は，必ずといっていいほど「先生の目が輝いている」，そういう〈楽しくてしかたがないような授業〉ではじめて子どもも目を輝かし，楽しい授業になるのではないかと思います。

　〈目が輝く授業〉というのは，やはりもっとちがう面があるのではないか，と私は思います。子どもたちはすごく楽しい——つまり，「しなきゃならないからする」というんじゃなしに，自分が「それを知りたい，勉強したい」というふうになってはじめて目が輝く。そのための条件は，先生が「月給もらってるからこれを教えなきゃならない」というのでなしに，「教えたくってしょうがない」というようになれば，子どもたちの目もランランと輝くようになるのだと思うのです。

●「認識の論理」を優先する

　そのことに関連して私は，最近こういうことを考えているんです。ちょっとむずかしい表現になりますが，「存在の論理」と「認識の論理」

といえるようなことがらに関するものです。

　たとえば，科学を教える場合に，先生がその科学とか理科といったものをよく知っている，その内容が先生の頭の中によく入っている場合と，そうでない場合とがあります。では，先生に学があればうまく教えられるかというと，私はそうとは簡単にいえないのではないかと思います。

　こんなことをいいますのは，実は，自然科学を教えたり社会科学を教えたり何かを教えるときには，普通に考えますと，〈もののあり方から考える〉ことが多いのではないかと思うからです。たとえば，存在するのは古代からはじまって現代にきたんですから，〈歴史は古い方からはじまって新しい方に教えた方がいい〉という考えがでてきます。〈存在の順序〉からいうとそうなりますね。歴史はたいがい古い方から新しい方へと教えていますが，私は，「認識の論理からすると必ずしもそうしない方がいいんではないか」と思うんです。存在してきた順序からいえば「古代→現代」ですが，身近に存在している順序からいえば「現代→古代」です。しかし，「認識の論理からいくと必ずしもこのどちらでもないのではないか」というのです。

　たとえば，明治維新まもないころの小学校の地理教科書を見ますと，まず「宇宙」が出てくるんです。宇宙の中に「太陽」が

あり，それから「地球」があって，それから「世界」があって，「日本」があり「郷土」がある。存在の論理からいえば，確かにそういうこともいえます。身近さからいえば，← 向きの順序です。存在してきたことからいえば → 向きの順序です。両方とも存在の論理で，上が存在してきた順序，下は私たちに空間的・時間的に身近に存在する順序です。しかし，このどちらも必ずしも認識の論理にあってはいないと思います。

　理科の例であげますと，まず「素粒子」があって，「原子」があって，「分子」があって，それから「高分子」があって，「物質」があり「物体」が

ある。こういうふうになりますね。でも，こちら → から教えるように努力した人はあまりいません。「小学校から素粒子を教えましょう」という人はいない。だいたいこういう順序 ← に教えていますね。→ は，「存在する（構成されてきている）順序」であり， ← は「身近なものから遠いものへ」の順序です。その点ではどちらも存在の論理だといえると思います。しかし，これをそのまま認識の論理と考えまちがいしてはいけないと思います。

●「知る喜び」とは

「科学を知っている」ということと，「知っていることがうまく教えられるか」ということに関連して私はこういうようなことを考えていますが，実際どういう認識の順序が一番いいかというのは，認識していく人間自身に聞かなきゃいけません。

明治維新まもないころには，なぜ世界からはじめて郷土を教えるようにしたのかといいますと，少なくともその時代には「世界を知るということによってはじめて日本を知る気になり，郷土を知る気になる」と考えられたからだと思います。当時の洋学者をはじめとする大人たちにとって，認識的に一番おもしろいのがそういう順序だったので，それを子どもの教育にも及ぼしたというわけです。

たとえば，みなさんが動物園に子どもを連れていくときのことを考えてください。動物に関心をもたなかった人間でも，動物園につれていけばすごく関心をもちます。これはなぜかというと，うちの方にはライオンもいなきゃキリンもいない，ゾウもいない。しかし動物園にいけばライオンやゾウやキリンなど，我々にとって一番縁遠いものがいるわけです。パンダなんてそうです。つい最近までほとんどの人が知らない，そういうものを見てはじめて動物に関心をもつわけです。大人だって，そうやって「身遠な」ものを知ってはじめて「身近な」ものへと関心が及

ぶことが多いのです。そういう〈自分自身の知る喜び〉というものを忘れて，子どものために教育的配慮をしようということになると，たいていは「身近なものから」ということにしてしまうのですね。

　このように，認識の論理というものは，存在する順序とか自分に遠いとか近いとかいうこととは別なのです。子どもたちに話をするときに，郷土の話と日本の話と世界の話とどちらを一番楽しく興味深く聴くか。そのことは実験的に試してみるよりほかないのです。世界のことがわかってはじめて日本のことに興味をもったりすることがあるわけです。「世界にはこんな国がある」「こんな国もある」ということを知ってはじめて，日本という国が認識できる。よく「日本の国を認識するためには外国旅行をするといい」などといわれますが，日本を知るためには外国を知ったほうが早いということも考えられるわけです。そういうのが認識の論理であるわけです。

　この認識の論理というのは，そのことをすでに知っちゃった人間が知っちゃった立場から，どういうことがらが子どもたちにとって身近か遠いか分類してもはじまりません。教育の場では主人公は子どもです。子どもたちはどういう順序で認識していくのが楽しいか，子どもたちに教えてみて聞いてみるよりほかないのです。たとえば，素粒子から教えていったほうが楽しくてしょうがないんだったら素粒子から教えるべきでしょう。しかし，素粒子までいったら何がなんだかわからないので，「分子ぐらいからやってはどうか」という考えもあるでしょう。「分子からやったらすごく楽しくなっちゃう。分子というものを教えてはじめて普通のありきたりの物体というものがわかるようになる」ということがあるかもしれないわけです。そういうことは，実際に授業をやって確かめるよりほかありません。

●理科オンチと〈楽しくわかる喜び〉

　そうするとまた，理科オンチのことにすごく関係があるわけですが，「理

科オンチ」という人たちにはまだ"科学"が自分の心の中に存在していないわけです。そういう先生方がはじめて，つい最近になって科学を知ったとします。しかもそれをただ知っただけでなく，目を輝かせながらじつに感銘深く知った。楽しくて楽しくてしかたなく知ったとします。そうすれば，その自分が楽しくて楽しくてしかたなく知ったその順序というのは，自分にとって認識の順序としてとてもよかったことになりますね。それは子どもたちにも適用できるかもしれません。

　ところがすごい優等生で，つまんない授業でもみんな覚えこんでしまったという人は，ちゃんとした認識の順序によらないでも結果だけ覚えこんでしまっていることになります。そういう人は結果だけを知っているために，理科オンチだった人たちのようにその科学を〈新鮮な驚き〉をもって学ぶことができにくいことになります。そこで，そういう人は子どもたちに楽しく科学を教えるにはどうしたらよいか，その手立てがよくわからないということにもなります。

　私は，〈楽しくわかる〉ということでなければ本当にわかっているとは言えないと思うのですが，幸か不幸かこれまでの教育は，〈楽しくないのにわかってしまう教育〉しかしてきませんでした。〈何しろこの問題はこのように解くと答えが出てきてマルがもらえる〉という優等生を育ててきたのです。だから，先生方がそのように教わってきて，「自分がそうしてわかっちゃったんだから，子どもたちにもそう教えてかまわないだろう」と考えて，つまらない教育，押しつけ教育を再生産することになります。

　ところが，そういう教育に落伍した理科オンチの先生方が楽しくてはじめてわかったような事柄は，子どもたちの認識にうまく合った教え方をすることができるのではないかと思うのです。そういう立場で，私どもは科学教育をつくり直そうと考えているわけです。

●知的好奇心をよびおこすキワドイ問題

　私は、みなさんが科学について必ずしも知らないということを前提として話を進めます。もしかしたら、科学について知らない方が幸運だったかもしれないと私は思うんです。楽しくない理科の授業を受けてなんとか覚えちゃった先生は、子どもたちにその知識を押しつけることに苦痛を感じません。つまり、科学をつまらなく勉強しちゃった人はつまらなく教える能力ができます（笑）。ところが、つまらないために勉強しなかった人は、押しつける能力がないわけです。押しつける能力がないということは、教育的には最高なことだと私は思います（笑）。

　さっき言いました「理科オンチ……」を書かれた堀江さんというのは、教員養成大学でない普通の大学の文学部を出た先生で、その先生の授業記録はとても楽しいんです。たとえば、この先生は乾電池で豆電球をつける実験をやったときに、子どもたちはみんなつくのに先生のだけ電球がつかなかったりする。それで、「どうしてつかないの、だれか教えて～」というと、「だって先生、エナメルはがしてないじゃないか」といわれたりして、「ヘェー、エナメルをはがさないとつかないの」といったりする（笑）。こういう授業は、先生が目をランランと光らせる授業になります。そうすると、子どもたちはがぜん自信をもちますね。「この授業は先生に教えてやる授業だ」と（笑）。そして子どもたちはすごく活発になります。そういう授業も大変いいわけです。ヒニクじゃなくてね。

＊

　では、やりましょう。

　電池と豆電球をもってきて、こうやると（図1）、つきますね。このへんまではみなさん知っていることにします（笑）。それでは、10円玉をあいだにこう入れたら、豆電球はつくでしょうか（図2）。

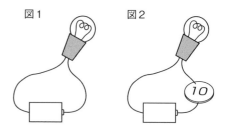

このへんは失礼になると思いますので，みなさんに予想を聞きません。やさしすぎると思われる問題は，「それさえできない」ということになると，人権問題になりますからね（笑）。
　ほら，つきますね。10円玉はつきます。これは「つかない」と思ってた人も，ついたことを確認しておいてください（笑）。
　さて，次に1円玉，アルミニウムです。これはつくでしょうか。つかないでしょうか。これが問題です。
　　ア．つく。
　　イ．つかない。
　　ウ．パッとついて消える。
　この三つしかないですね。もしかしたら，「肉眼では見えなくてどうのこうの」という人がいるかもしれませんから，
　　エ．その他。
としておきましょう。（会場，ざわざわしはじめる）
　こういうような問題を出しましたときにですね，「こんな問題，できるに決まってらぁ」というんだったら，反応はおこりませんが，少し不安がおきますと，このようにザワザワしてまいります（爆笑）。つまり，授業に子どもたちが参加しているということは，〈子どもたちがザワザワしはじめた〉ということでわかる，と私は思います。
　先生は子どもたちに，「私語をするな！」とやりますね。でもみなさん，先生方もちゃんと私語をします。ですから，子どもたちが私語をしても叱らないでいただきたい（笑）。このように知的好奇心が湧いたときには，どうしても自分の頭だけで回転してるんじゃものたりなくなって，他の人間とちょっと知的交流をしたいと思うようになりますね。これは人類の偉大なるところです。
　さあ，どうでしょうね，ちょっと聞きます。これ，「つく」「つかない」というのを紙に書いてください。確信のある人は「これだ！」と決めますが，自信のない人は「こうかもしれない，ああかもしれない」と迷っ

ていて、だれか手を挙げるとパッとあげちゃって（笑）、「オレははじめからそう思っていたんだ」（爆笑）と思っちゃったりしますね。子どももそうです。ですから念のためにいちど書いておいてください。

　では聞きますよ。
　　つく──2/5
　　つかない──3/5

　私たちの授業〔＝仮説実験授業〕[(2)]は、まずこのようにしてはじまります。一番はじめの問題は、これぐらいわからない人がいないとつまらないです。これくらいならどっちが当たっても名誉毀損にはならないですね。じつは学校で勉強するときの楽しさは二つあるんです。優等生の楽しさというのは、学校に行って「いつも正しい答えをいう楽しさ」です。今の学校はだいたいそういう人たちに合わせてあります。しかし、仮説実験授業にはそれとちがう「まちがえる楽しさ」というものがあります。

●「知るに値すること」を知る楽しさ

　勉強する本当の楽しさというのは「全部当たった」という楽しさでなしに、外れたものがあって、「あー、そうだったのか」と思える楽しさにあるのではないでしょうか。ただそのときに、「そんなの知らなくったっていいや」というのではなしに、「知って得になる」という知識でないとダメです。知らなくたっていいような知識もたくさんありますよ。たとえば、「イタクラの娘は何歳であるか」なんて知ったところで何の得にも

（2）1963年に板倉聖宣さんによって提唱された教育理論で、問題に予想（仮説）を立て、討論をし、結果（答え）を実験で確かめていくことを繰り返して、科学（自然科学・社会の科学）の基本的な概念や法則を教えることを狙いとしている。一流の科学者がその法則を発見した道筋──問題意識・思考・感動を追体験する授業であるともいえる。また仮説実験授業では、「教案 兼 教科書 兼 ノート 兼 読み物」の役割を兼ねた〈授業書〉と呼ばれる印刷物を使用し、授業者はそこに書かれている指示そのままにしたがって授業を進めれば、誰でも一定の成果が得られるようにつくられている。

ならないから，そんなことは知ってたってしようがないけれども，〈知るに値することを知る〉，これが勉強することの本質的な楽しさというものですね。

　はじめからやさしい問題を出して，次に少しずつむずかしい問題を積み重ねるようにして，「これもやさしい」「これもやさしい」というふうにやっていく。これではおもしろくないんじゃないでしょうか。

　理屈で考えますと，「どんな場合にもやさしい方からむずかしい方へと教えていった方がいい」ように思えたりしますが，これは存在の論理にごまかされている考え方だと思うんです。本当に勉強しようと思っている子どもや大人たちが楽しく勉強できるのは，そういうやり方じゃない。できるかどうかわからないセトギワみたいな問題について考えて，そして結果をみて，「あー，そうか」とわかるような場合に一番楽しいんです。

　さあ，前の問題にもどって１円玉はつくでしょうか。この問題について，何か議論ありますか。なぜつくか，つかないか……，エの人はどうですか。

　〔エの人〕──「わからない」（爆笑）

　子どもたちの中にも「わからない」という子がときどきいます。大変慎重派であります。人にはいろいろな生き方がありますから，あやしげな予想は立てたくないという人がいてもいいと思いますが，私はできるだけ，「はずれてもいいから前進する」という生き方をとった方がいいんではないかと思います。

　どうでしょう。何か理由がありますか。

　つかないという人，どうですか。……１円玉って安っぽい。落っこちていてもちょっと拾う気しないもんね（笑）。安っぽいものはつかないんですね。１円玉はアルミニウムでできています。アルミニウムはつかない……？

　やっぱりね，ここにはいろいろな権威のある人がいるでしょう（笑）。人間の間に権威の差があるとなかなか言いづらいんです。特にキワドイ問題になりますと，理科専科の先生は手が挙げられなくなっちゃいます。

理科専科の先生がまちがえたらちょっとねー(笑)。しかし女の先生で「私，理科に弱いの」なんて日ごろ宣言している先生は安心してスッと手が挙げられます。

学校でもそうです。今まで学校で絶対まちがえないような子ども，こういう子どもは権威があって手が挙げられなくなっちゃいます。いつもまちがえているやつは，「当たるかもしれない」から手を挙げます。確実に1/2は当たる。こんな割のいい問題はない（笑）。しかもこの問題のようにまだ教わったことのないものだと，優等生とまったく対等に予想が立てられますからね。

ではやりますよ。

……「あ！　ついた！」

ついちゃったですね。よかったですね。多数派の方がまちがっちゃったんですから。

私はこういう問題に生きがいを感じているんです。ほんの2～3人がまちがえるようなものだったら，その人にハジをかかせることになって困るなーと思うんですけど，私は確信をもってこの問題を出せるんです。と申しますのは，いろいろなところでやっているからです。決して大府市の先生方だけができないんじゃないのです（笑）。

はじめから「これは〈つく〉」ということを十分知っている先生からいえば，「多くの人はどうしてこれを〈つかない〉と考えるのか」そのことがわからないようです。今こういう予想を立ててもらったとき，このことについて十分よく知っている人は何も学ばなかったかというと，そうじゃなくて「あー，先生の中にもこんなにたくさん〈つかない〉という人がいるんだな」（笑）ということが学べたと思います。〈つく〉と確信をもっていた人は，「みんな〈つく〉というだろう」と思っていたりするんですね。ところが，あにはからんや，つかないという人がいる。「先生の中にも落ちこぼれがいる」（爆笑）ということを教えられるのです。

理科オンチ教師のための科学教育入門　17

● 「楽しさ」が学びはじめる動機

　こうなると，教育というものを考え直すとはどういうことなのか，考える手がかりができてきます。つまり，この問題の場合，はじめできなかった人は実験の結果を見てできるようになる。ところがはじめからできた人は，「こんな問題でもできない先生がいる」ということがわかるようになるわけです。だから，〈こういう現実に即して，理科教育なり科学教育なりの改革を考えなければいけない〉と思うのです。

　私が考えますに，はじめ〈つかない〉と思った人は，少しは感激的でしょ。だから「うちの子どもたちもできないにちがいない」と思ったりして，目をランランと輝かせて子どもたちに「つくと思うか？」（笑）とやりたくなります。そしてまた，できた先生も，〈先生方が必ずしもできない〉ということを知れば，やっぱりそのへんからやり直さなければということがわかって，どちらの人も学ぶことができるんじゃないかと思います。

　ところで，電気が通るとか通らないかということで，金属はどうして電気をよく通すかということですが，それは金属というものの中には「自由電子」というものがたくさんあって，電池につなぐとこの自由電子がウァーと動くからです。そのことで，最近私が「このように考えた方がわかりやすいんではないか」と思っているのは，この電子というのは〈空気みたいなものじゃないか〉ということです。

　たとえば地球上では風が起こりますが，月ではどうでしょう。月では風がありませんね。なぜか。空気がないからです。つまり，空気がなければ風が起こることはないんです。地球上には，たとえば酸素がある。では月には酸素がないんでしょうか。ないわけではないんです。月には岩石の中に閉じ込められた酸素しかないわけです。

　ところで電気の場合も，こうして電池と豆電球をつないでも，途中に入るものによって，ランプがつかないやつもあるわけです。たとえばこのガラス……こうやってもつかない。ではこういうやつはこの中に電子がないのかというと，あるんです。つかまっちゃっている電子ですね。

つまり月の世界の石の中にある酸素みたいなものです。それと同じようにして，自由電子がたくさんある場合にだけ電子が動いて電流となり，ランプがつくわけです。

このへんの問題までは，いわば理科に強い先生にはまずできる。金属には必ず自由電子があって，必ず電気がつくんです。逆にいえば自由電子がたくさんあるもの，つまり電気が非常によく通るもののことを〈金属〉といいます。金属で電気のよく通らないものはありません。逆にいえば，「電気が通るものは金属だ」といってさしつかえありません。ただ，かなりよく通るものでただ一つ，金属でないものがあります。その例外物は炭素です。

ここに鉛筆があります。これは2Bの鉛筆です。これはどうでしょうか。

鉛筆の芯は何でできていますか。

鉛筆だから鉛だと思う人？ 昔から「鉛筆の芯はなめちゃいかん」というでしょ。「それは鉛が入っているからだ」などというわけですね。

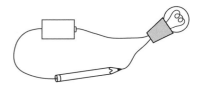

じつは，鉛筆の〈鉛〉というのは〈黒鉛〉の〈鉛〉をとったものです。「黒鉛だって鉛じゃないか，黒い鉛だろう」という人がいるかもしれませんが，それは国語教育の受けすぎですね（笑）。亜鉛というのは鉛の一種だとかいうのも，同じようなまちがいです[3]。中国人はこういうのはまちがえないです。中国語では元素のことは必ず1字で書くんです。亜鉛のことは金へんに辛で「鋅」，水銀は「汞」です[4]。ところが，日本語では水銀は二つの漢字からできているので，日本人は「水銀は銀が水にとけたも

---

[3] 黒鉛を化学式で表すと「C（炭素）」，亜鉛は「Zn」で，いずれも鉛「Pb」とは無関係。

[4] 中国語の元素名については，板倉著『原子とつきあう本』「中国での原子名とやまと言葉の元素名」，『科学はどのようにしてつくられてきたか』「第7話　伝統的な日本人の自然学のなごり」（ともに仮説社）に詳しい。

のだ」(笑)と思うことができたりします。ついでに言うと，硫黄は「硫」一字，白金は金へんに白で「鉑」一字にしています。日本ではその他の元素名は一字の漢字か，何とか素というか，アルミニウム，カルシウムのように片仮名書きをしているので，元素名であることがわかりやすくなっています。

● 真理は多数決で決まらない

それでは，こんな問題はどうでしょう。ここに磁石があります。フェライト磁石といいます。この磁石を回路の途中に入れたら豆電球はつくでしょうか。

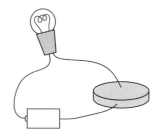

つく——3/5

つかない——2/5

やってみましょうか。これがつけば金属ということになりますし，つかなければそうでないことになります。化学式はだいたい「Fe$_\triangle$O$_\triangle$」です（FeやOの下に書くべき数字を書かないで△としたのは，ここに数を書くとみんな気になるから書かないことにしました）。要するに，フェライトというのは鉄と酸素の化合物なんです。これは金属でしょうか。ランプがつくかどうか，やってみますよ。

つかない！　こうやっても，やっぱりつきません。

こういう実験をやるとき，先生が答えを知っているといいかげんにやるのがふつうです。先生がはじめからつくことがわかっていると，つかないときは接触不良かもしれないなどと，いろいろ詮索して慎重にやり直すんですが，先生がはじめからつかないことを知っている場合だとさっとやって，「つかないね」といってすませちゃったりするんです。しかし，結果を知らない人は真剣なんですから，とくにランプがつかないときには慎重にやってください。

これも少数派が勝ちましたね。科学というのは少数派が勝つから楽し

いんですよ。ですから科学の授業では，いわゆる劣等生もついていけます。「今度は当たるかもしれない」と思えますからね（笑）。普通の授業は〈並大抵の人間〉をつくろうというのに対して，仮説実験授業では〈並大抵でない人間〉，つまり〈はみだしの人間〉をつくろうという感じがあるわけです。

　みなさんがこの問題ができなかったのは，じつはみなさんが「金属」という言葉の素晴らしさを十分知らないからだと思います。金属が酸素とか硫黄などと化合したものは金属とはいわないのです。金属特有の性質を失うからです。金属同士が混ざり合えば「合金」といってこれも金属です。しかし金属以外のものと化合したもの，たとえば鉄が酸素と化合したもの，サビがそうですね，鉄が非金属と化合すれば金属ではなくなるのです。

　ここに方鉛鉱というものがあります。キラキラ光っています。最近，こういうものは小学校の教材からぬけちゃいましたけど，これは電気がつくでしょうか。これは鉛の原料にします。方鉛鉱の鉛，これは鉛です。これを前と同じようにしたら豆電球はつくでしょうか。

　　つく――ほとんど0

　　つかない――ほとんど全員

　「つく」に手を挙げようと思ったけど，だれも挙げないので日和見しちゃった人がいるようですが……。

　これは鉱物です。鉱物は特別なもの，金と銀――砂金というものがありますね。そういうものは別として，たとえば鉄そのものが山から掘り出されることなんかないですね。〈鉄の鉱石〉が山から掘り出されるんです。金とか銀といった貴金属以外の金属は，大変他のものと化合しやすいので，必ずといっていいほど他のやつと簡単に結合しちゃいます。この方鉛鉱も「$Pb_{\triangle}S_{\triangle}$」で鉛がイオウと化合したものです。だからこれは金属ではございません。でも見たところ非常に金属的ですね。これは，もういろいろしゃべったあとだからみなさんできるんだけど，普通のと

ころでやったら絶対できません。電球はつきませんから，これは金属じゃないんです。金属を取り出すには必ず精錬所で金属にしなければいけないというわけです。

それでは，ここに水があります。水は電気が通るでしょうか。

　つく──1/2強

　つかない──1/2弱

これを優等生的に考えるとこうなります。いまさっき先生が「金属と炭素以外はつかない」といったし，水は金属でありっこないから，「つかないが正しい」というわけです。しかし，そういう優等生根性になりきれなくて，「私は断固，水は電気が通ると思う」という人もいるわけですね。これはどっちがいいかということは簡単に言えません。だって，家庭で電気器具を扱うとき，手が水でぬれているとピリピリッとくることがあるでしょ。だから女の人は必ずといっていいくらい，「水は電気をよく通す」というんです。男の人でも家事をよく手伝っている人は「つく」といいますね。だからこれは，ちゃんと家事手伝いをやっているかどうか調べるのに大変いい問題でもあるんです（笑）。

さて，それでは実験してみましょう。電線の両端を水の中に入れましょう……つきませんよ。

ところが，たいていの人はつくと思っちゃうんですね。女性だったら95％の人は「つく」と思います。しかし，これは「つかない」んです。

●教育の目標自身が差別的

先生方はよく，「子どもができない，できない」というけれど，教えてる先生もできないんですよ。「オレもできないんだから，落ちこぼれたってどうってことない。落ちこぼれたって，先生ぐらいになれるもん（爆笑）。だから落ちこぼれたからっていったって，そんなに気にすることないん

だ」と思ってほしいですね。

　「落ちこぼれた」という言葉の中には，二つ意味があります。一つには，「落ちこぼれさせてしまってはいけない。かわいそうだからなんとかしてやらなけりゃ」という意味合いがありますね。こういう考えは大変いいことのようにみえます。ところがその反対で，「落ちこぼれたってどうってことない」ということもありますね。たし算ができないとか字が書けないとか，ここまで落ちこぼれては大変ですが，電気なんか知らなくたってちゃんと学校の先生にはなれるんだもん。落ちこぼれたってどうってことないですね（笑）。それを「あんたは落ちこぼれてる，落ちこぼれている」と言われたりしたらすごくイヤでしょ。「そっとしておいてくれ。私，学校の先生になるんだからいいだろう」って言えたほうがいいですよね。

　だから，最近流行している「落ちこぼれ」という言葉使いに，私は賛成ではありません。すでに先生がみんな落ちこぼれているんだから（笑）。もし落ちこぼれをバカにするなら，これは大変ですよ。「学校の先生もみんな落ちこぼれているから，そんなに月給出す必要ない」ということになっちゃう。

　だから，「落ちこぼれてもいいのである。だいたいからして教育の目標自身がインチキなのだ」と考えたほうがよいと思うのです。「あれは架空の目標なのであって，何割かの子どもを落ちこぼれさせて差別するための目標なのだ」と考えたほうがよい。つまり，〈できなきゃならないことについて落ちこぼれさせないための目標〉と，〈ある子どもたちを落ちこぼれさせるための目標〉とがあるわけです。何割もの子どもを「落ちこぼれさせよう。落ちこぼれさせよう」と思って決めた目標に対して，「落ちこぼれさしちゃあいけない，いけない」と騒ぐのはおかしいわけですよ。だって，それでおかしな教育目標がちゃんと成立してしまうんだもん。

　つまり，落ちこぼれさせようとしているんだから落ちこぼれなきゃ困るんです。「あんたは落ちこぼれたんだから一流大学はあきらめなさい」「あんたは落ちこぼれたんだから社長にはなれないんだ」「あんたは落ち

こぼれたから校長にはなれないんだよ」(笑)というとき都合がいいでしょ。だから，〈目標自身がインチキで差別的なんだ〉と訴える必要があるわけです。

　しかしですね，今までここでやってきたような問題は，みんな必ずしもできないけど，わかるとちょっとは楽しいことあるでしょ。ですから，こういう事柄は「子どもが落ちこぼれちゃ大変だ」ということでは教えなくてもいい。自分だって知らなかったんだからね。「こういうことは子どもたちだって知らなくたっていいじゃないか」と考えた方がいいと思うんですが，しかしですね，みなさんがここでこの話を聞いて，「これはおもしろかったなー」と思って，「こういうことなら，私だって少しは勉強する気になったなー」「私，落ちこぼれていてよかったなぁ」と思い，また「子どもたちもこういうふうに楽しく勉強できたらいいなぁ」と思ったら，これは教えてもいいと思うのです。これは先生方も知らなかったんだから，必ずしも知ってる必要はないけれども，こういうことが楽しく勉強できることがわかったら，それは科学というものについての考え方とか，知識とかいうものについての考え方一般を変えるきっかけにはなるだろうと思うんです。そういう点では，知らないより知った方がいいだろうということになりますね。

　そういうことで私は，「わからせる授業」「わかる授業」ということを狙ってはいけないというんです。だって，みなさんだって知らないんだからわかる必要ないでしょう。しかし〈楽しい授業〉なら，これはわかるに値する，学ぶに値する授業になります。

●ビリビリしたりしなかったり——程度の問題

　さて，もう一つ問題をやりましょう。これは使えなくなった電池です。廃品ですから電気はつきません。これを新品の電池と2本つなげてこうやったら，豆電

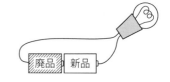

球はつくでしょうか。つまり,つく電池とつかない電池とをくっつけるんです。これは相当のイタズラっ子しかやったことないでしょうね。だいたい,普通はこんなバカなことする必要ないもの。それで,みなさんの予想は？

　　つくと思う——4/5

　　つかない——5～6人（おそるおそる手をあげる）

　やってみましょう。……つかない!?　ほら,つかないんですよ。これは,つきません。これは大多数の人がまちがいです。おそるおそる手を挙げた人がよかったんです（笑）。

　じっさいこれはつかないんですよね。だから,電池2本入りの懐中電灯などがつかないとき,2ついっぺんに捨ててはもったいないことがあります。片方はまだつくこともありうるわけです。2つではつかないけど,1つならつくことがあるんですね。こういうことを知ると,学校に帰って他の先生や子どもたちにやってみたくなるでしょ。目を輝かせてね（笑）。

　ところでね,前の水の実験のとき,「電気を通す」と思っていた人は電池での実験をもとにして考えたわけじゃないですね。家庭電気でしょ。だから今度はここで家庭電気を使って実験をすることにします。こういうものを持ってきました（右図）。このままでは途中が切ってありますから,電灯がつかないのはあたりまえです。この切断してあるところをつなぐと,ほら,つきますね。今度はこの先を2つとも水につけたら電灯がつくかというわけです。つくでしょうかねぇ。

　やってみましょう。……つきませんね。——部屋が少し明るすぎて見えないのかな。やっぱりついていませんね。私が見てもついていないようです。普通の水はほんの少しつくんですが,大府市の水はとても不純物が少ないようですね。それでは電球を変えてみましょう。これはネオン

ランプというものです。これでやることにします。

……「ホー‼」。つきますね。

このネオン球というのは、電気がごくわずか通っただけでもつくんです。だから5Wの電球ではまったくつかないようなときでも、けっこうつくわけです。こういうように、水は1.5ボルトの乾電池1コでは電気を通すようにみえないけれど、100ボルトの家庭電気ではけっこう通るのです。それで、ぬれた手で電気器具をいじったりするとビリビリッとくることがあるわけです

● 見れども見えず

そこで今度は、もう少し変な問題を出すことにします。電池には⊕⊖がありますね。では家庭の電気には⊕や⊖なんてあるでしょうか。家庭にきている電気は100ボルトの交流ですが、その「交流電気のきているコンセントに2つ差し込み口があるけど、何か区別があるか」というのです。コンセントには2つ穴がありますね。

　　2つはちがうと思う方── 1/2弱

　　2つは同じ── 1/2強

どこがちがいますか。⊕と⊖ですか。このコンセントのところを見たらちがうことがわかるでしょうか。じつは、このコンセントのところ、はっきりちがうんです。帰ったら家のコンセントの差し込みのところを覗いてみてください。どのコンセントも片方の穴が長くて片方が短くなっているんです。（「ほんとだ！ 知らなかったなぁ」という声）

これは「ネオン検電器」といわれるもので、電気がきているかどうか調べる道具です。これをコンセントのこっちの穴に差し込んだり、こっちの穴に差し込んだりしますと、電気がきているかどうかがわかります。このドライバーのにぎりのところに小さなネオン管が入っているんです。ここのコンセントはこ

ネオン検電器

うなっています（右図）。

　みなさん、この差し込みの穴がどうなってるか気がつかなかったでしょ。いつも見慣れているものでも問題意識がないと気がつかないものです。この長さのちがいはほんの少しの差じゃないんです。だいぶちがうんです。それでもみなさん気がつかないできたというわけです。

　この検電器をコンセントの穴に差し込みますと、ほら、短い方はネオン管に明かりがつきますね。けれども長い方はつかない。これは学校で教える電気の常識からするとおかしいでしょ。つかないというのもおかしいですね。つくというのもおかしいですね。これはどうしてつくんでしょうか。ふつう電気は回路をずーっと一周りしてないと流れないでしょ。それならこの場合、どこをどう回ってるんですか。

　この正答を教えますと、つまりこれは、コンセントの差し込みの片っぽ（＝短い方の穴）にしか電気がきてないんだけれども、この検電器を私が手でもっていると電気が私の体を流れて、足から床へいって建物を伝わって最後に地面に流れていくんです。そういうわけで電気が通ってランプがつくんです。

　それで、コンセントの電気のつく方を⊕といって、つかない方を⊖といったりします。というと「おかしいじゃないか」という人がいます。この電気は「交流」ですね。だから、電気は一方通行でなくて右へ流れたり左へ流れたり、たえず流れる向きが変わっているはずです。「それなのに、一方にだけ電気がきているというのはどういうわけなんだ」というのです。

　それはどうしてかというと、このコンセントの差し込みの片っぽの方（＝長い方の穴）は0ボルト。つまり地面と同じボルトなんです。地面と同じだから、この差し込みに検電器をつないで、私が手でもって足→床→地面とつないでも電気は通らないんです。ところがですね、片っぽは100ボルトになったり、－100ボルトになったりするんです。100ボルトだっ

たらもちろん100ボルトの方から0ボルトの方に流れますね。ところが0ボルトと−100ボルトだったら，0ボルトから−100ボルトの方に流れるというわけです。だから電気はあっちへ流れたりこっちへ流れたりの交流になるわけですが，地面に流れるような電気はこっちだけにしかきていないということになるんです。

家庭に電気を供給している電信柱の上にはこういう変圧器がのっています。ここで100ボルトに変圧された電気が家庭にきます。ところが，その電線の片っぽには地面につなげられて埋まっているんです。だから片方の電線からは地面に電気が流れませんが，こっちだとこういうふうに電気が流れるわけです。

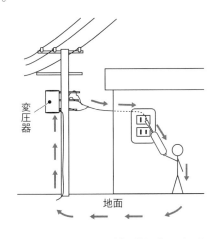

だからソケットに電球をとりつけたりコンセントに電気器具をつなげるとき，どういうふうにつけるかということによって，ビリビリしたりしなかったりすることがあります。みなさんが「電気はビリビリときて怖い」というのは，たとえばこういうことを知らないからです。同じように電気器具をいじっているつもりなのに，あるときにかぎってビリッときたりして，なにがなんだかわからないというので怖くなるんです。世の中で一番怖いものは，法則性がわからないものです。酔っぱらい運転が怖いのは，法則性がわからないから怖いんです。地震もいつ起こるかわからないから怖いし，カミナリ親父もいつどんなことがきっかけで怒るのかわからないからおそろしく思えるのです。でも電気というのはちゃんと法則性があるので，知っていれば全然怖くはないんですね。たとえば，電気で心中しようとして2本の電線を二つにわけて，「あんたそっちをにぎりなさい。私こっちにぎるから」とやったって（笑），一方はビ

リビリッとくるかもしれないけど，片っぽは全然なんでもないんでケロリとしていることになるんです。

●おわりに──「わかる授業」より「楽しい授業」を

まあ，これまでにいろいろなことを話しましたけど，時間がだいぶ経過しましたので，おしまいの方向に向かいます（笑）。けっきょく私が話したかったことは「自分が知らないような知識を知るということは楽しいことだ。しかしそれは知るに値するようなことでないといけない」ということです。私が今ここでお話ししたようなことは，多かれ少なかれ知るに値することだと思います。「そういう知識を自分は知らなかった」「いや，自分はよく知っていたけれども他の先生が知らないことがわかった」そういうことがわかったとすると，もしかしたらこれは子どもたちにも教えたくなりますね。先生方でも必ずしも知らなかった。それでも人間がつとまるんですから（笑），むりに教える必要はないけれど，教えたくなるというわけです。

ということはつまり，「落ちこぼれ」などということはバカバカしくて言えることではないんです。しかし，そういうことを知っているか知っていないかということによって，「科学というものは楽しく学ぶべきものだ」ということがわかるかわからないかの境目になるかもしれないのです。「科学というのは必ずしもつまらないものではない」，そして「楽しく学ぶ道があるのだ」ということがわかっていただけるならば，これは大変けっこうなことだと思うのです。

私は，あることを「どうしてもわからせるような授業をやりたい」というようなことは，考えることはしないようにしています。今の指導要領や教科書に書いてあることは，わからなくてもほとんど差し支えないと思っているんです。それはどうしてかというと，そのひとつには，世の中の大人たちのみならず先生方も，そういうことをロクに知らないんじゃないかということを私は知っているからです。だから，「落ちこぼれ」

などということは軽々しく言うべきではないと思うんです。
　そのかわり,「科学というものは楽しく勉強できるんだ」ということだけは知らせたいと思います。そして,「先生方自身が目を輝かせて学んだことならば,それは必ず子どもたちも目を輝かせて学ぶようになるだろう」と思うんです。そしてそういう授業ならば,〈楽しい授業〉として子どもたちの心の中に長く残るにちがいないと思います。知識そのものは残らないかもしれないけど,「勉強というものは楽しいものだ,科学というのは決して非人間的なものではない」ということはわかってくれるだろう,そういうことを考えて,私は今日の話をしたわけでございます。
　大変ぶしつけで,みなさんの自尊心を傷つけたりいろいろさしつかえのあることを言ったかと思いますが,もしそういうことに気が障ったりしたら,ふだん先生方が子どもたちにやっていることを,私が子どもにかわってカタキウチしたんだということにしていただいて(笑),決して現場の教育を知らないやつが勝手なホラを吹いていると考えないでいただきたいと思います。私はみなさんが科学についていろいろ知らないことがあるということについて,何もいけないことだとは思っていないんです。ただ科学というものはけっこう楽しく学びうるんだということ,そういうことが少しでもわかっていただけたら,私の話は成功だったということにして,一応終わらせていただきます。
　とりとめのない話でしたけれども,断片的なところではいくらか興味を持っていただけたんじゃないかと思います。(拍手)

理科オンチ教師のたのしい授業

—— 小学２年生と《豆電球と回路》——

堀江晴美　小学校（当時）

● はじめに

　いまでこそ私は理科の授業をするのが好きなのですが，それは仮説実験授業をするようになってからのことで，それまでは，こんなイヤな教科はありませんでした。どうやって教えてよいかわからず，理科のある前の日はユーウツでユーウツで，とくに実験がある日は，どうしようもなくオロオロしていました。

　教師１年目で５年生を受けもったときのこと，私は子どもたちと一緒に電磁石を作っていました。ところが，私のだけがはたらいてくれないのです。作り方がわるいのか，電池が古いのかと，いろいろやってみましたが，どれもダメ。ほとほと困っていると，工作好きの男の子が教えてくれました。

　「先生，つかないはずだよ。エナメル線，はがしてないんだもん」

　そのとき，私ははじめて知ったのです。〈エナメル線は，はがさなくては使えない〉ということを。

　これは私の理科オンチぶりを示す氷山の一角でしかありませんが，まさかこんなにひどいとは，自分でも知らないことでした。それは，中学時代の教師が私に「５」をつけていてくれたからです。通知票で「５」をもらうことと，ほんとうの学力とはちがう。私の受けてきた教育とは

なんだったのか。いろいろと考えさせられました。そして，思ったことは，「私のような子どもをつくることだけはやめよう」ということでした。そして，私のような理科にヨワイ教師にもできる理科教育はないものだろうかと考えました。そして，出会ったのが〈仮説実験授業〉だったのです。これなら私にもできると思いました。子どもたちも，私のような教師がやる授業のわりに，たいへん喜んでくれ，ほかのどんな教科よりも理科を好きになりました。《豆電球と回路》のテストは，２年生としてはかなりむずかしい問題だったと思いますが，それでも私のクラスの場合，最低でさえ70点はとれました。これは教科書中心のクラスの平均点よりよい点なのです。

●理科オンチはすばらしい

　いままで，私は自分のことを理科オンチと称してきましたが，そのことで私はちっともいじけてなんかいません。むしろ「理科オンチはすばらしい」とさえ思っています。といっても，仮説実験授業を知るまでは，理科にまるでヨワイくせに，知ったかぶりをしてきました。「知らない」ということがいえませんでした。ところが，板倉聖宣さんと話すようになってから変わってきたのです。私の理科コンプレックスがどんどん消えていったのです。それは自分でも不思議なくらいでした。そのうちに，私は「知らないことは恥ではない」という地点から飛躍的に脱皮して，「知らないことはすばらしい」とさえ思うようになりました。

　この１年間，子どもたちといっしょに仮説実験授業をやってきて，はじめて知ったことがたくさんあります。それらは，私のなかで宝石のようにきらめいています。磁石に吸いつく石のあること，エンピツの芯が電気を通すこと，346本も足のあるムカデのいることなど，そのたびに私は自然界の奇想天外さ，デタラメさ，法則性に目をみはり，驚き，胸をときめかせてきました。石にしろ，エンピツにしろ，身のまわりにゴロゴロしているごく日常的なものです。しかし，それらのものも，一度見

方を変えれば，非日常的で不思議な世界に私を引きずり込んでいくすばらしい材料になってしまうのです。いままで，何気なく見てきたものが，いままでとはまったくちがう新しい世界を展開していく，ここにもまた，仮説実験授業ならではの魅力があると思うのですが，そんなとき，私はつくづく「理科オンチでよかったなァ」と思います。もし私が理科に強かったら，「あたりまえだよ」の一言ですべてを葬ってしまい，感動しないだろうと思うからです。

　私は，新しい知識と感動を求めて，つぎの授業書への挑戦を試みたいと思っています。

●仮説実験授業は母親も変える

　ところで私は，以前から，「私のめざす子どもに育てるには，お母さんたちにも理解してもらわなければならない」と，学級通信や文集などを出し続けてきましたが，ホンネをはけば，じつは「父母と教師はわかりあえるような関係にはない」と思っていたのです。ところが，そんな私の母親不信感を一挙に拭いさるようなできごとがおきたのです。それは，お母さんたちが生徒になってしまったのです。自分が勉強したくて，知りたくて，教室に通ってくるのです。

　それは，クラスのなかでもたいへん勉強好きなある女の子が水痘にかかって，学校を10日間も休まなければならなかったとき，「家でなにかしたい」といわれ，家庭でもできる理科をやってもらうことになりました。そこで，その子のお母さんに「授業を見に来ませんか」と声をかけたのがきっかけです。それから私は，クラス全部のお母さんにも「子どもがよろこぶ楽しい授業を見に来ませんか」とよびかけました。「勉強は苦しんでやるものではない。楽しいからこそやるものである」ということをわかってもらいたかったからです。以来，毎日のように幾人かのお母さんたちが来てくれましたが，どの人もみんな生徒になって授業に参加しました。そして，以前のように子どもをわきから見て，「行儀が悪い」の，

「できが悪い」のという人は一人もいなくなりました。そこには，世にいうおそろしげな教育ママの片鱗すらみられませんでした。お母さんたち自身が「勉強っておもしろいな」と，学ぶ喜びにひたるようになったのです。母親と教師は手を結べるということがわかったことは，これからの私にとって何よりもえがたい財産となることでしょう。同時に，子どももまた，母親を「ともに学ぶ同志」として，自分たちの側に獲得してしまったのです。

●チビッ子先生の誕生

　授業参観にきたつもりの母親が，いつのまにか授業に参加していたというハプニングは，その場の雰囲気だけで生まれるはずがありません。そのわけを知りたいと思い，お母さんたちにも授業の感想を書いてもらいました。その結果，お母さんたちの変身は"小さな科学者たち"のしわざだったことがわかりました。彼らは学校から帰ると，ひまをみては母親に出題し，へこませてはよろこんでいたのです（77ペ「ぼくらはセンセイ」参照）。そして，お母さんたちは，自分たちの受けてきた教育のひどさに気づき，子どもに「勉強しろ」なんて言う前に，「自分も勉強したい」「勉強し直したい」と思うようになったのです。

　「電気に弱い」というのが女の悪口の代名詞のようになっています。残念ながら，わがクラスのお母さんたちもご多分にもれず電気に弱かったとみえ，お父さんの帰りを待っては質問していたようです。このため，家族ぐるみ仮説実験授業のファンができあがってしまい，お父さんたちも授業に参加したかったという声をあとで聞きました。仮説実験授業は見ているだけではだめなのです。生徒になり，出題されてみて，はじめてそのおもしろさがわかるのです。

＊次に紹介する授業の記録はもともと学級通信として子どもたちに向けて書かれたものです。今回の掲載にあたっては，かなの多くを漢字に改め，授業の様子も一部省略するなどしてあります。また，内容上の明らかなまちがいと思われる箇所は修正しました。

授業書《豆電球と回路》

ソケットがないと豆電球はつかない？

——1時間目——

堀江「《足はなんぼん？》の勉強が終わったとき，たくさんの人たちから，"豆電球もぜったいプリントでやってよ"と言われていましたね。だいぶ待たせちゃったけど，今日から《豆電球と回路》に入ります」

子どもたち「ワー，早くつけたいな」「先生，つけさせてくれるの」（などと大さわぎ）

堀江「つけさせてあげますよ。その前に，この問題を考えてください」

【やってみよう】

ここに，「豆電球」と，「電線」（＝銅の針金）と「電池」があります。

あなたは，この3つをつないで，豆電球をつけることができると思いますか。

ア．できる。　　イ．たぶんできる。　　ウ．できそうにない。

プリントを配り終わらないうちに，もうあちこちで「オレは絶対につかないと思うよ」とか「つくかもしれないな」などというつぶやきがまきおこる。

予想分布
ア．5人→5人
イ．6人→1人
ウ．25人→30人
（＊→は意見変更）

百瀬君「先生に聞きたいんですけど，電線は二つに切っていいんですか」

堀江「いいえ，このままやってください。では，意見のある人，どうぞ」

栗原君（ウ）「ぼくは，最初，半分に切ればつくと思ったけど，切ってはいけないんなら，つかないと思う。電線を2本つかえば，こんなふうにしてつくけど（図2），1本ではビニールの上にのってしまって，ビニールは電気を通さないからつかないと思う」

（ウ）の子どもたち「やったァ，やったァ」（拍手多し）

竹村君（イ）「いいこと考えついたんだけど。電線のビニールを真ん中だけチョッピリはがせばいいと思う。チョッピリだけ。ビヤーと」

（ウ）の子どもたち「それに反対，反対。先生がさっき言ったのに」

田久保君（ウ）「先生がさっき言ったけど，電線1本でそのままやるっていうんだから，そういうのはいけない。ぼくはつかないと思う」

堀江「竹村君，電線は，はがしたり切ったりしないで，そのまま使ってください*」

竹村君（イ）「エッ」

（ウ）の子どもたち「つくはずないんだよ」「つくはずないんだよ」

竹村君（イ）「じゃあ，じゃあ，じゃあ，じゃあ，じゃあ，こうやって電線をつなげて，マイナスのほうの電線の上に豆電球をのせれば，つくと思う（図3）」

図3

（ウ）の子どもたち「反対，反対。くり（＝栗原君），言え，くり，言え」

栗原君（ウ）「それだと，プラスとマイナスがショートしてつかない。ソケットがあれば，ショートしないから大丈夫だけど，ソケットがないから，つかないと思います」

百瀬君（ウ）「そうだ，そうだ。どうだ」

鈴木君（ア→ウ）「予想を変えます。アからウに変えます」

　5人がア，イからウにまわる。

竹村君（イ→ア）「ぼくも変える。ぼく，イからアにいきます」

〔編者〕堀江先生はここで，「銅の針金」ではなく，「ビニール線」を配っています。問題文では「電線」（＝銅の針金）としか指示されていないため，それでもかまわないでしょう。板倉聖宣さんは，この問題について次のように解説しているので参考にしてください。「電線としては，電池の長さの2〜3倍の長さのものを用意すればよいでしょう。電線は，はだか線を使うか，エナメル線を使うかによって難しさも変わってきます。被覆線を使う場合は，両端をあらかじめはだかにしておくか，指示して各自にはだかにさせるほうがいいと思います」

子どもたち「変わってるなあ，よしお（＝竹村君）は」（とつぶやく声）

堀江「もう，ほかに変えたい人はいませんか。では，やってみてください」

「ぜったいつかないよなァ」などと言いながら，つなぎはじめる。

数秒後，松戸君のかん高い声が教室中に響く。

松戸君（イ→ア）「ついたぁ。ついたのだぁ」

（ウ）の子どもたち「エー，そんなはずないよ」（と松戸君のそばに集まる）

堀江「ほんとだ。ついてる。よかったね」

子どもたち「ほんとだ。ついてる。どうやったんだ」

堀江「松ちゃんは，どうやったらついたのか，うしろにかいておいてね。それから，つかない人にも教えてあげてね」

子どもたち「アー，ついた」

あちこちでついたときの驚きの声があがる。

子どもたち「ぼく，かいておこう」「先生，ついたよ」「まだつかないの，教えて」

教えたり，教えられたり，驚いたり，喜んだり，教室中がコーフンのルツボとなる。

（ウ）の子どもたち「ワー，オレたち，はずれた」

堀江「では，どうやったらついたのか，第一発見者の松ちゃんに黒板にかいてもらいましょう」

松戸君「こうやったらついたんだ」（図4）

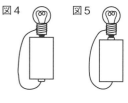

子どもたち「アレ，オレちがうよ，反対だ。オレはプラスでやったよ」（図5）「オレも」

百瀬君（ウ）「プラスでついたよ」

竹村君（イ→ア）「まきつけてもついたよ」（図6）

〔やってみよう〕の結果
　　ア．できる。

＊〔しつもん1〕〔問題1〕〔問題2〕は省略。

小さな科学者たちへの手紙

堀江晴美

リクエストに応えてはじめた〈豆電球と回路〉の1時間目は，どうでしたか。

ソケットがなくてもつくのですね。驚きましたね。とくに，ついたときの第一発見者の松ちゃんのふるえるような喜びの声が忘れられません。次々とついていく小さな豆電球の明かりと君たちの歓声。私まで嬉しくなってしまいました。というのも，じつは，私もどうつなげばよいのかわからなかったのです。君たちにぶつけるまえに，いつもひとりで予備実験しているのですが，つけるまで苦労してしまいました。君たちのほうが私よりずっと早くつけられましたよ。だってへそとわきに1本ずつ電線をつなげるなんて，へんな感じだものね。なかなか思いつくはずないよね。君たちにもむずかしかったようですね。

松ちゃんがすぐにつけられたのも，もとはといえば，よっちゃん（＝竹村君）がいいところまで考えていたからではないかと思っています。ほかの人が「できそうにない」へ変わるなかで，ただひとり逆流して「できる」に変わったところなど，一匹オオカミ・よっちゃんの本領を発揮した名場面でした。

電気が1周しなければ，電球はつかない
—— 2時間目 ——

【問題3】
　今度は，前と同じ道具を使って，図のようにつないだら，豆電球はつくでしょうか。

　ア．つくと思う。
　イ．つかないと思う。
　ウ．そのほかの考え。

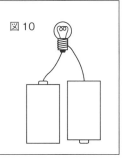

図10

まだ問題を読まないうちから，「ぼくはぜったいイだな」「アだよ。つくよ。当たり前」などと，もう討論が起きはじめている。そのうちに音頭取りが出て，「アだと思う人，手をあげて」「ハーイ」などとやっている。

堀江「少ないところから聞きましょう。アの人，わけがあったら言ってください」

本庄さん（ア）「聞いてください。プラスとマイナスだから，豆電球はつくと思います」

児玉さん（ア）「奈保子ちゃん（＝本庄さん）に付け足しなんだけど，さっきはプラスとプラスだったからつかなかったけど，今度はプラスとマイナスだから，つくと思う」

（イ）の子どもたち「ハンタイ，ハンターイ」

鈴木君（イ）「それなら，電気はまわっているんですか。もう1本コードを使わなかったら，つかないんじゃないんですか」（ひどく早口）

坂井君（イ）「けんちゃん（＝鈴木君）に付け足しなんだけど，プラスとマイナスがあってもね，下に電線がなかったら電気はまわんないから，つきません」

小柳君（ア→イ）「ぼくはアからイにいきます。ぼくは，きのう家でやったとき，つかなかったから，つかないと思います」

竹村君（ア）「ぼくはね」（と言いながら前に飛び出してくる）

田久保君（イ）「よしお，そのままでやるんだぞ。電池とか動かしちゃいけないんだからな」

竹村君（ア）「アチャ，アチャ」（自分の席に戻ってしまう）

堀江「ナーンダ。なにも言わないで帰っちゃうの」

子どもたち「アッハッハッハッ……」

伊藤幸君（イ）「電池を動かしてもいいでしょ。横にすればつく」

堀江「どこに，どうやって」

伊藤幸君（イ）「こうやればつくよ」（黒板の前に出てくる。田久保君の「電池くっつけるの」などというツヨーイ応援をえて，図11を描いてくれた）

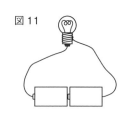

図11

子どもたち「それならつくよ。決まってるよ」

予想分布
ア．14人→6人
イ．23人→31人
ウ．0人→0人

栗原君（イ）「つくわけ。これなら一つながりにつながっているから，つく」

堀江「つくという人，何か意見はありませんか」

（イ）の子どもたち「（がぜん，元気が出て）どうや，でけへんやろ。どうや，どうや」

堀江「予想変更したい人もいるので，聞いてから実験してみましょう」

〔問題３〕の結果
　イ．つかない。

子どもたち「ヤッター，ヤッター」

堀江「お話を読んであげましょう」

【電気の流れかたの話】
　豆電球を光らせるのには，電気が通る一続きの道が必要です。この道の途中に，豆電球が入っていて，電気が豆電球の中を通るようにするのです。
　電気の通る道はグルっと１周つながっていなければなりません。道が途中で切れていると，電気は流れません。
　しかし，道だけできてもだめです。グルっと１周つながった道の途中に，電池が入っていることが必要です。
　電池は，目に見えないすごく小さい電気のつぶ（科学者はそれを「電子」といっています）を，どんどんおし流すはたらきをします。ちょうど，ポンプで水を流すのに似ています。電気の流れのことを「電流」といいます。
　電池が電気をおし流すときの出口が（ａ）のでっぱったところで，これを「プラス（＋）の極」といいます。また流れてきた電気の入り口が（ｂ）です。これを「マイナス（－）の極」といいます。

図12

　電池のプラス（＋）極から押し出された電気が，道を通って流れていき，グルっとまわって，電池のマイナス（－）極の方へ戻ってくるわけです。
　この途中で，豆電球の中の細い線（「フィラメント」といいます）の中を通るときに，細い線が光るのです。

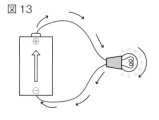

図13

【問題4】
　問題3では，豆電球はつきませんでしたね。銅の針金を1本だけ使って，図14のつなぎ方のどこかにつけて，豆電球をつけるにはどうしたらよいでしょう。図にかいてみましょう。

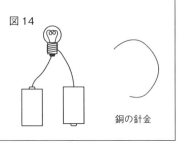

銅の針金

子どもたち「カンタン，カンタン。もう終わったヨー」「先生，ハーイ」

堀江「かけた人，発表してください」

子どもたち「ハーイ，ハーイ」

堀江「だれに発表してもらおうかな。ひとみちゃん（＝鈴木さん），変わったのを描いたから，発表してくれない」

鈴木さん「うん，いいよ」(ニコニコ黒板のまえに進む。図15)

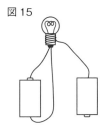

子どもたち「ナニ？　だめだ，だめだ」「つかないよ」

堀江「ひとみちゃんのではつかないんですか」

子どもたち「だって，つかないよ」「わかんない」

栗原君「豆電球は，一つながりじゃないとつかないから，つかない」

堀江「つくという人はいないのかな。実験してみます……つきません」

竹村君「ハーイ，ぼくの考え」(図16)

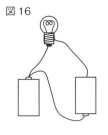

堀江「またちょっとちがって，おもしろいつなぎかたですね。つきますか？」

子どもたち「つかない，つかない」

竹村君「つく，つく，絶対につく」

児玉さん「つかない理由。電池はプラスとマイナスをつなげなくちゃいけないのに，よっちゃんのでは，プラスに入ってプラスから出るから，つかない」

堀江「ほかに考えた人」

子どもたち「ハーイ，ハーイ」「まだあるよ」

堀江「としえちゃん（＝中島さん）」

子どもたち「あ，ずるい」「ずるい。言われちゃう」「言われちゃう」（と大変な騒ぎ）

中島さん「私の考えは，こうです」（図17）

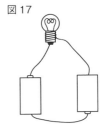

子どもたち「アー，言われちゃったァ」

堀江「これは同じ考えの人がずいぶんいそうですね。としえちゃんと同じ人，手をあげて」（大部分が手をあげる）「アー，多いですね。わけがありますか」

子どもたち「ハーイ」「ハーイ」「お願い，指して」

小林香さん「あのね。さっき先生がお話読んでくれたでしょ。あの中で，電気はグルッと1周してないと，つかないって書いてあったでしょ。これは1周してるから，つく」

堀江「ほかに言いたい人，もういませんか。では，やってみましょう。としえちゃん（＝中島さん）のからね」（図17）

子どもたち「つかないよ。いのちかけるよ」「オレはいのちかけないよ」「つくかな」（実験する）

子どもたち「ついたアー。ついたゾー。やりました」

田久保君「つきました。つきました。としえの案はつきました」

堀江「では，次によっちゃんのをやってみましょう」（図16）

子どもたち「よしお，がんばれ」（実験する）

子どもたち「ついたあ，ついたあ」「よしお，ついたよ」「ヤッター。ついた，ついた」「よしお，がんばった」「よしお，喜べェ。やったぞオ」

堀江「ほんと。どれもつきましたね。ほかに，けい子ちゃん（＝中村さん）も変わったのをかいていたんじゃない」

中村さん「うん。私のはこう」（次ぺの図18）

子どもたち「つくよ，つくよ。ひとみのと似ているもん」

本庄さん「先生，ちょっと。ひとみちゃんの（＝図15）と反対だから，絶対つくよ」

堀江「そう。じゃあ，けい子ちゃんのをやってみますよ」（実験する）

子どもたち「ついたァ，ついたァ」「な，ついただろう。みんなついたな，今日は」

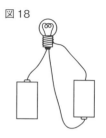

図18

心の目をはたらかせれば，見えないところも見えるのさ
――3時間目――

【問題5】
　豆電球の中には，電気が流れると光る針金が入っています。どんなようにつながっていると思いますか。みんなの考えを出し合ってから，あとで豆電球をよく見て，結果のところに正しい図をかきましょう。

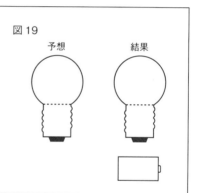

図19

堀江「今日は，豆電球の中が，どんな仕組みになっているか，かいてもらいます。そうですね。人間でいえば，レントゲンで写してもらいたいのです。心の目をはたらかせて，かいてください。口金のところもですよ」

子どもたち「エー，むずかしい。見えないところもかくの」「どうなってんのかな」「いいよ，かくよ」「カンタン，カンタン」「かけないヨー」（と反応はいろいろ）

本庄さん「先生，まちがってもいいんでしょ」

堀江「いいですよ，見えないものをかくんだもん。まちがえて当たり前なんじゃないかしら」
本庄さん「先生，かけるの？　かけないんでしょ」
堀江「そう，かけない。難しいもん，これは」
三枝君「だから，ぼくたちにかかしてんだよね。わかってんだ，ぼく」
子どもたち「先生，かけたァ」
　ボツボツかけた子が現れはじめ，騒がしくなる。
堀江「では，かけたようですので，前の黒板に何人かの人にかいてもらいましょう」
子どもたち「ワー，先生」「ぼく，かく」「ぼくにやらせて」
　ほとんどの子どもが発表したがる。
堀江「全員にかいてもらいたいけど，かききれないから，5人くらいにします。いろいろなのが出た方がおもしろいから，自分とあまりにもちがっていたら，言ってくださいね」
子どもとち「お願い，指して」
竹村君「ぼく，ちがう」（とかく）

図20

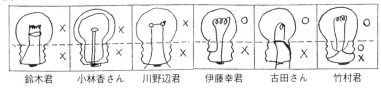

鈴木君　　小林香さん　川野辺君　伊藤幸君　古田さん　竹村君

堀江「6人の人にかいてもらいましたので，これを中心にみんなで考えていきます。見えるところと，口金の見えないところとの上下二つにわけて考えてみましょう。線，引きますよ。さあ，上のほうで，当っていそうなのはどれでしょう。まちがっていそうなのはどれでしょう。○×をつけていきますよ。手をあげてくださいね」
子どもたち「へんなのばかりだなァ」「よくわかんないや」「ひでき（＝川野辺君）のは，メガネザルだなァ」（などとつぶやきがもれる。手は1/4ぐ

らいの子しかあがらないときもあり，よくわからないようだ）

堀江「上のほうは，ぐるぐるまわっているのが正しいと思っているようですね。下のほうはどうかな」

伊藤幸君「ぼく，1本わきにもっていったわけはね。電線つなぐとき，わきにくっつけるとついたから」

竹村君「ああ，ちょっといい。ぼく，幼稚園のとき，お兄ちゃんの見ておぼえているんだ。向きが反対だったけど，それに似てる。本で見たことがある」（図21）

図21

堀江「下のほうは見えないので，よくわからないみたいね。でも，ゆきちゃんは1本はへそに，1本はわきにと思っているのよね。さあ，どうなっているでしょうね。では，豆電球を渡しますから，よく見て，結果をかいてください」

子どもたち「アー，上のほうはけんちゃん（＝鈴木君）のに近い。巻いてる」「けんちゃんのがいちばん近いや」「先生，下のほうはよくわからない」「でも，上からのぞくと見えるよォ」「オレのはぜんぜんちがってる」

堀江「お話を読んであげましょう」

【豆電球の中のしくみ①】

豆電球をみると，（ア）のところがでっぱっていますね。ここから（イ）までは見えないところもありますが，電線がつながっています。

（イ）から（ウ）までは，グルグルと巻いた細い線がありますね。これを「フィラメント」とよびます。電気がフィラメントを通るとき，フィラメントが光るのです。

（ウ）と（エ）の間も電線がつながっていて，（エ）で口金につないであります。口金は，金物でできているので電気をよく通します。

図で点線のところは，ガラスなどの電気を通しにくいものでできています。

電気の通る道すじを，赤エンピツでたどってみましょう。

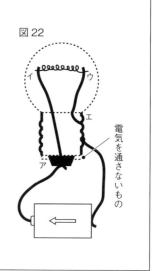

図22

子どもたち「アー,ゆき(＝伊藤幸君)だ。ゆき,やったなァ。下のほうはゆきみたいだ」

堀江「どうやら,上はけんちゃん(＝鈴木君),下はゆきちゃんのに近いようですね」

＊〔やってみよう〕は省略。

アタマをちょっと使えば,わかってしまうのだ
――4時間目――

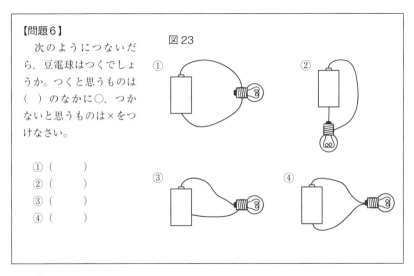

【問題6】
次のようにつないだら,豆電球はつくでしょうか。つくと思うものは(　)のなかに○,つかないと思うものは×をつけなさい。

① (　)
② (　)
③ (　)
④ (　)

図23

予想分布
①　　　　　②
○ 10 → 4　○ 33 → 34
× 25 → 31　× 2 → 1
③　　　　　④
○ 2 → 1　　○ 3 → 4
× 33 → 34　× 32 → 31

――①について

栗原君(×)「先生,ソケットはついていますか」

堀江「ついていませんよ。はだかのまま。では,1番から見ていきましょう」

伊藤幸君(×)「まちがいがわかった。変更。ぼく,わかった。あのね,コードが横と下ならつくけど,横と横だから,つかない」

平井さん（×）「なんとなく×のような気がする」
——②について
池田君（○）「いつかやったけれども，電気はこうきて，こう出て，こう流れていくから，つく」（図24）

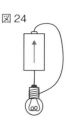
図24

——③について
小林純子さん（×）「これでは電気がまわらない。1本はここではなくて，ここ（マイナス）についていなければ，つかない」
松戸君（×）「電池はビニールがはってあるから，通んない」
竹村君（×）「ビニールじゃないよ。鉄だよ」
——④について
植草君（×）「この光ってるところあるでしょ。ここじゃないとつかない」
堀江「光ってるとこって，どこ？」
植草君（×）「フィラメント」
子どもたち「ぜんぜんちがうよ」
山口さん（×）「両方とも，ここから線が出ているんじゃ，つかない」
栗原君（×）「1本はわきについていないとつかない。このままでは，電気はここのところまでくるけど，ぐるぐるまわっちゃう」
竹村君（○）「あのね。ぼくはつくと思う。ソケットだってね，下のところから，2本，線が出ているから」（図25）

図25 ソケット

子どもたち「ハーイ，ハンタイ」
鈴木君（×）「ソケットには1本は下で，1本はわきについて出てる」
田久保君（×）「ハーイ，つけたし。よっちゃんは，ソケットを外から見たからそう思ったんでね。中はそうなってない。中は，はだかの豆電球みたい，わきと下についてる」（図26）

図26

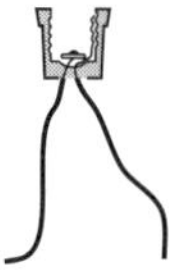

松戸君「ぼく，予想変更したい」

竹村君「ぼく，したくない」

> 〔問題6〕の結果
> ① （×）　② （○）　③ （×）　④ （×）

＊〔問題7〕は省略。

豆電球のガラスは
あってもなくても同じなのか？
——5時間目——

堀江「今日は，あき子ちゃん（＝児玉さん）が水疱瘡で，ずっとお休みしているので，その分の理科のプリントを家でお母さんにやってもらうことになりました。そこで，どんなふうにみんなが勉強しているのか，あき子ちゃんのお母さんが見にいらっしゃいました」

子どもたち「ワー，やればいいのに」「（あき子ちゃんの席を指さして）ここに座れば……」

【問題8】
　豆電球のガラスを，中の線をいためないようにして割って，電池につないだら，豆電球はつくでしょうか。

　ア．つくだろう。
　イ．つかないだろう。
　ウ．ちょっとつくが，すぐ消えるだろう。

——問題8を読み，予想をとる。児玉美智子さんも手をあげる。子どもたち，大喜び。

堀江「つかないという人はけんちゃんと池ちゃんの二人だけで，あとの人はみんな〈ア．つく〉というのですね。つかないと

> 予想分布
> ア．34人→17人（＋1）
> イ．2人→17人
> ウ．0人→2人
> ＊（＋1）はお母さん

いう人，どうでしょうか」

池田君（イ）「あのね，ガラス割って，フィラメントを通るとき，電池の電気が消えちゃうと思う」

百瀬君（ア）「ハーイ，質問。じゃ，どうして電気が消えるんですか」

池田君（イ）「それならね，どうしてガラスがついているんですか。ガラスを割ったらね，空気とかそういうもので押されて，電気が出ていっちゃう」

栗原君（ア）「じゃあ，池ちゃんに聞きたいんですけど，電気と空気は関係があるんですか」

竹村君（ア）「あのね，ぼくの図鑑にのっていたんだけど，60Wの電気あるでしょ，豆電球，デッカクしたみたいの，あのガラス割ってもついてるんだって」

田久保君（ア）「フィラメントは金具でできてるでしょ，金具は電気を通すから，光は薄いかもしれないけど，ずっとついていると思います」

中林君（ア）「ただのガラスだから，割ったってどうってことないと思う。空気だって，あったってなくたって，つくと思う」

堀江「さっき，池ちゃんがガラスは何のためにあるのかといったけど，それは，どうですか」

本庄さん（ア）「ガラスは，フィラメントとかが傷まないように，まわりから防いでいるのだと思います」

小柳君（ア）「ほかに，ガラスで何かを見ると，すこし大きく見えるでしょ。だから，光を大きく見せるためみたい」

栗原君（ア）「つけたし。レンズはガラスでできているでしょ。豆電球も上のほうはレンズみたいになっているから，外から見ると大きく見える」

池田君（イ）「さっき，うえちゃんが言ったんだけど，風がくると困ることもあると思います」

栗原君（ア→イ）「ぼく，予想変更したい。たくちゃんが言ったの聞いて

思い出したんだけど，ガラスの中にはガスが入っていて，割れるとガスがなくなるから，フィラメントの電気は外へ出ちゃう」

田久保君（ア→イ）「つけたし，ぼくね，前，600Ｗの電球，石にたたきつけたら，ドカーってすごい音がしたの。それで，お母さんにどうしてって聞いたら，ガスが入っているからだよって言ったの。そのガスが逃げちゃって，つけてみたらつかなかったから，つかないと思う」

鈴木君（イ）「アの人に言いたいんですけど，ガラスの中には空気も入っていないし，フィラメントは光るんじゃなくて，焼けるんですよ。電気が流れると……」

竹村君（ア）「ストーブだって，あみがフィラメントの役目をしてるんではないんですか。けんちゃん（＝鈴木君）」

鈴木君（イ）「ストーブは空気が入ってるけど，豆電球は，空気が入っていないんですよ」

田久保君（イ）「ストーブは風で空気を送ってもらえるんだから，豆電球とはちがうんじゃないんですか」

竹村君（ア）「ストーブは火をつけると，熱くなるでしょ。フィラメントだって，同じ役目をしてるんじゃないんですか」

田久保君（イ）「豆電球は光だけど，ストーブは光と熱」

竹村君（ア）「あるねッ。熱も」

平井さん（ア→ウ）「アからウにいきたい。なんとなくだけど……」

小林純さん（ア→ウ）「私も」

子どもたち「エー，そんなはずないよ」「エー，エー」

〔問題8〕の結果
　ウ．ちょっとつくが，すぐ消えた。

【豆電球の中のしくみ②】
　フィラメントが切れていなければ，豆電球のガラスはなくても光ることがわかりましたね。でも，ガラスがないと，すぐにフィラメントが切れて，消えてしまうのです。

フィラメントに電気が流れると光るのは,電気の流れているフィラメントはたくさんの熱を出して,とても高い温度になるからです。ところが空気中には酸素というガスがあって,高い温度になったフィラメントが燃えてしまうのです。
　豆電球のガラスの中には,ふつうの空気とちがう,窒素という燃えないガスだけが入れてあります。フィラメントが高温になっても,燃え切れてしまわないようになっているのです。窒素のほかにも,アルゴン,ヘリウムなどのガスが使われています。どれも高温になったフィラメントを燃やさないガスです。はじめはそういうガスが発見されていなかったので,中のガスをみんなぬいて真空（からっぽ）にしてあった時代もあります。

「先生に聞いたってダメなのだ」
——7時間目——

【問題9】
　今度は,下の図のようにして,A,B,Cの豆電球をつないだら,つくでしょうか。

ア．つかない。
イ．A,B,Cとも同じ明るさでつく。
ウ．A,B,Cの順に明るくつく。
エ．A,Cが明るく,Bが少し暗くつく。
オ．Bが明るく,A,Cが少し暗くつく。
カ．そのほかの考え。

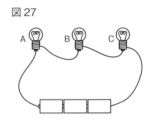
図27

堀江「ヒロ子ちゃんは〈カ．その他〉ですが,どういう考えですか」
中村さん（カ）「3つともつくけど,BとCがふつうで,Aだけが明るくちゃんとつくと思う。わけは,電池はこっち（←）を向いてて,Aの豆電球が一番電池に近いから」
子どもたち「おもしろい考えだなぁ」「おもしろいなぁ」（しきりに感心する）

```
予想分布
ア．2人→0人
イ．26人→31人
ウ．5人→2人
エ．0人→0人
オ．0人→0人
カ．1人→1人
```

竹村君（ウ）「電池は3つあるから光も強いしね。一つずつついていかなくちゃ、電気は戻れないでしょ。だから、ウ」

本庄さん（イ）「電気はグルグル回っているから、AもBもCも同じだと思います」

ほかに数人、同じような意見があった。

百瀬君（イ）「よっちゃんに言いたいんだけど、ウでいっているのは、つく順番のことではなくで、明るさがどうなのかっていってるんじゃないんですか」

竹村君（ウ）「時間欲しい。少し考えさせて……。3分くらい」

子どもたち「アに言いたい」「ハーイ、ハーイ」

田久保君（イ）「電池が3つもあって、つなぎ方だっていいし、それにコードも切れてるわけじゃないんだから、つくんじゃないんですか」

池田君（イ）「電池から電流が出て、ちゃんとグルッと回るようになっているんだから、つかないっていうのはおかしい」

渡辺君（ア）「じゃあ、電池が3つあって、豆電球が3つあれば、つくってかぎるんですか」

田久保君（イ）「電池と豆電球の数だけにかぎって考えてるわけではありません」

予想変更をとる。

堀江「じゃあ、やってみましょうか。前のほうに出てきてください」（ガヤガヤ、ワー、ワー）「つけますよ。いいですか」

子どもたち「アレッ、つかない」（一瞬、シンとする）「つくはずだよね。先生」「おかしいな」「つくよね、先生。もう一回やってみて」「なにやってんだろうな」「しっかりしてよォ。先生」

電池をひっくり返したり、つなぎ方を何度も確かめるがつかない。

子どもたち「まだ、ナノー」「早くしてよ。どうしたの」（子どもたち、だんだん怒ってくる。騒がしい。ギャアギャア言いだす）

子どもたら「先生、答え教えてよ。アなの。イなの。ウなの」「イでしょ」

鈴木君（イ）「先生に聞いたってダメだよ。先生，知ってるわけないだろう。先生，理科オンチなんだもん」

　必死であれこれやるが，つかない。

子どもたち　「あああ，どれなの。もういいよ。実験はア。おしえてヨ，」

堀江「ごめんなさい。一生懸命やってみたんだけど，わからない。どこがまちがっているのか………，予備実験したときはイだったんだけどねぇ」

子どもたち「やったあ，イだ」

堀江　「いいの？　信用しちゃって。もう時間きたから，休み時間にもういっぺんやってみるね。もうすこし待ってください」

——つかなかった原因は，Ａにいちばん近い電池のマイナス面にセロテープがついていたのでした。おそらく予備実験のとき，電線をセロテープで留めておいたのがそのままにされたのだと思う。ああ，何たることか！

〔問題９〕の結果
　イ．Ａ，Ｂ，Ｃとも同じ明るさでついた。

＊〔問題10～12〕は省略。

エナメル線も銅線も同じなのか
——8時間目——

【問題13】
　今度はふつうの銅の針金を使ってやってみたら，つくでしょうか。

　　ア．つく。　　イ．つかない。

図28

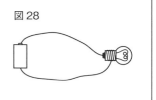

堀江「意見のある人，いますか」

小柳君（ア）「銅線だって，エナメル線だって，同じでしょ。だから，つ

く」

栗原君（ア）「ちょっとちがうよ」

小柳君（ア）「ちょっとちがうかもしれないけど，一本はわきで，一本はへそにいっているからつくと思いまーす」

小林香さん（ア）「私は，プラスとマイナスについていて，どっかが切れているわけではないんだから，つくと思う」

百瀬君（ア）「あのね。電気には通すものと通さないものとがあって，コップとか紙とかは通さないけど，そういうやつ（＝銅）は電気を通すから，つくと思う」

田久保君（ア）「ふつうの針金みたいだし，金物とか金属は電気を通すからつくと思います」

竹村君（ア）「ハーイ。たくちゃんにつけ足しなんだけど，これ鉄でしょ。鉄みたいなものでしょ」

堀江「銅です。鉄とはちがいます」

竹村君（ア→イ）「エッ。アッ，アッ，アチャ，つかない」（子どもたち笑う）「つかないと思う。一円だってそうでしょ」

堀江「あ，そう。一円も銅？」

子どもたち「ちがうよ。一円はアルミだよ」

竹村君（ア→イ）「百円」

子どもたち「エッ，ちがうよ。十円だよ」

——活気づく。

伊藤幸君　「磁石につかないんだよ」

竹村君（ア→イ）「前ね，磁石でやったとき，十円や百円はつかなかった」

堀江「磁石ではそうだったよね」

竹村君（ア→イ）「電気でも」

子どもたち「エ，そんなはずないよ」「エェー」

百瀬君（ア）「よっちゃんはね。十円は電気を通さないって言ったけど，

> 予想分布
> ア．36人→32人
> イ．1人→5人

理科オンチ教師のたのしい授業　53

ぼくはね，前，本屋で十円玉を横にしてつないだ場合と，重ねた場合では，どっちが明るいかっていうのを見たことがあるんだけど，〈どっちが明るいか〉っていうんだから，つくんだと思う」

堀江「そうすると，十円玉は電気を通すと思っている？」

百瀬君「うん」

堀江「よっちゃんは，十円玉は通さないと思っているのよね」

栗原君（ア）「ぼくも十円玉は通さないと思う」

堀江「イかウの人で，だれか言ってくれませんか」

〔問題13〕の結果
　ア．つく。

【問題14】
銅の針金で次のようにつないでみました。豆電球はつくでしょうか。

ア．つく。
イ．つかない。
ウ．ちょっとつくが，すぐ消える。

図29

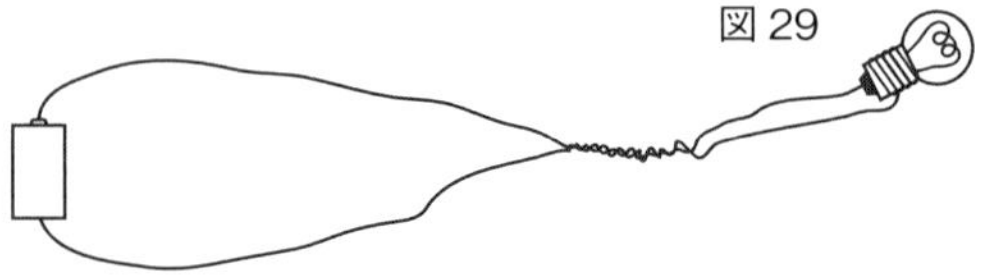

どうしてそう思いますか？ みんなの考えを出しあいましょう。
〔ヒント：電気はどのように流れるでしょう。赤エンピツでかいて考えましょう〕

坂井君（ウ）「あのね。こんなぐにゃぐにゃになっちゃあね，電気は豆電球までいってね，少しはつくけどね，すぐ消えてしまう」

予想分布
ア．21人→23人
イ．9人→6人
ウ．7人→8人

栗原君（ア）「それだったら，前は，エナメル線はついたんだから（「問題12」でエナメル線の途中をぐにゃぐにゃに丸めてからつないだ），つくんじゃないんですか」

坂井君（ウ）「前のは大きくぐるぐる巻いてあって，エナメル線だったからついたけど，今度は銅だから，前とはちがうと思います」

竹村君（ア）「あのね。エナメル線でも，ぐにゃぐにゃになっていたってついたんだからね。巻きついていたってつくと思う」

小柳君（イ）「よっちゃんに言いたいんだけど，エナメル線と銅線は同じだっていったでしょう。だけど，エナメル線は，エナメルをぬってあるから，電気は通さないんですよ」

栗原君（ア）「エッ，エナメル線は電気を通さない？　おかしい。この前，エナメル線でやったら，電気を通したんですよ」

子どもたち「そうだ」「そうだ」「どうすんだよー」

小柳君（イ）「さっきのにつけ足すんですけど，真ん中じゃなくて，横なんです。横」

子どもたち「エッ？　横？　横」

小柳君（イ）「横にエナメル線がぬってあるとつかないんです。つかうときは，だから，エナメルをとって使うんです」

堀江「そうですね。まだ，教えてないけど，使うときは，はじを紙ヤスリではがすんです」（やってみせる）

坂井君（ウ）「ぐにゃぐにゃしてるとねぇ，電気が通るのが遅くなってね，すぐ消えてしまう。通るのが遅くなって……」

堀江「じゃ，赤エンピツで，電気の通る道すじをかいてもらいましたね。発表してくれませんか」

伊藤幸君（ア）「……（図30）」

堀江「ほかにいませんか」

平井さん「ハーイ」（図31）

子どもたち「エーッ，何だ」「ソリャー」

堀江「他にいませんか，発表したい人」

子どもたち「かいてあるけど，いやなのだ」

堀江「いやなら，いいわ。見たところ，だいたいの人はゆきちゃんと同じようですね。アの人も，イの人も，ウの人も，こんなふうにかいて

ありましたねェ」

本庄さん「こやちゃんが言ったように、エナメル線は電気を通さないとしたら、これはショートしてつかないかもしれない」

鈴木君（イ）「エナメル線じゃないと、電気はあっちこっちいっちゃって、つかない。あっちこっち、あっちこち」

〔問題14〕の結果
　　イ．つかなかった。

電気よ、お前はどこにいく？
——9時間目——

【問題15】
　次のようにつないだら、豆電球はつくでしょうか。

①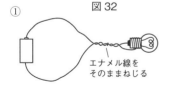
図32
エナメル線を
そのままねじる

予想
　ア．つく。
　イ．つかない。

　みんなの考えを出し合ってから、実験してみましょう。

②
図33
エナメルを
はがしてねじる

予想
　ア．つく。
　イ．つかない。

　どうしてそう思いますか？　みんなの考えを出し合ってから、実験してみましょう。

〔ヒント：電気はどのように流れるでしょう。赤エンピツでかいて考えましょう〕

堀江「さっき（＝①）はエナメル線をそのままねじったらどうなるか、と

いうのを考えましたが，今度はエナメル線をはがしてねじったらどうなるか，という問題です」

> ②の予想分布
> ア．8人→5人
> イ．29人→32人

子どもたち「意見，意見」

本庄さん（イ）「さっきの銅のと同じで，エナメル線がはがれているからつかない」

堀江「はがしても，はがさなくても，同じではないの？」

子どもたち「それに反対」「ハーイ．反対」「同じではないのだ．先生に反対するぞ」

田久保君（イ）「先生に反対なんだけど，エナメルは電気を通さなくて，さっきはエナメルをはったままでは電気がほかのところへいったりしなくてついたけど，今度はエナメルをはがしているから，電気が通ってヘンなふうになって，つかないと思います」

栗原君（イ）「さっきね，こやちゃんが言ったように，エナメルをはがしちゃうと，ただの銅線みたいなものになってね，ぐるぐる電池から電気が出ちゃってね，それで，豆電球まではいかないから，きっと，つかないと思います」

子どもたち「なんだかわかんなくなってきたなぁ」

堀江「じゃあ，電気がどう流れるのか，黒板にかいてくれる人いませんか」

子どもたち「やってみなよ，だれか」

川野辺君（ア）「……（図34）」

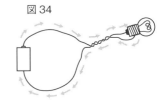

図34

堀江「ほかには？ じゃあ，イの人でいませんか」

栗原君（イ）「ここんとこで（ねじれたところを指さして），戻ってきちゃう．バババババァてショートしちゃう」（図35）

図35

堀江「かけなかった人もだいぶいましたね．つかないという人でも川野辺君のような

人が多いようでしたよ。どうなってんだろうね。そういう人は，電気は豆電球まで回っていくけど，でも，つかないと思うの？」
（イ）の子どもたち「うん」（自信なさそうな子がだいぶいる）
堀江「電気は線をねじったところまでくるというのはいいの？ その先がわからないのよね。電気はどこへいっちゃうのかしらね」

〔問題15-②〕の結果
　イ．つかない。

電池がカイロになっちゃった
——国語の時間にくいこんで〔9時間目〕——

堀江「（理科の実験道具をしまいながら）きゃあ，熱い！ どうしちゃったの。ねぇ，熱いのよ。この電池」
——「エナメル線をはがしてねじったらどうなるか」という実験の時に使ったものをそのままにしておいた。
子どもたち「エッ，先生どうしたの。そんなはずないよ」「アッ，ハッハッハッハッ。うそでしょ」「な，うそだよなァ」
堀江「ほんと，ほんとなの。まわすから，触ってみてぇ」
子どもたち「あッ，熱い」「あれッ，どうして熱いの」「ほんとだゾ」
小林純さん「ぽかぽかしてる。カイロだ」
坂井君「電池まで燃えちゃったのかな」
本庄さん「電気が出てたのが戻ったかな」
堀江「電気の出戻りってわけ？ でも，どうして熱いんだと思う？」
小柳君「先生，知らないの」
堀江「うん，だから，教えて」
田久保君「先生は驚いちゃったんだよね。先生も知らないんだよ。だって，この問題は，いま，はじめて起きたんだもん。前から出てた問題じゃ

ないんだもん。だから，わかるわけないだろ」
子どもたち「校長先生に聞いてみなよ」
堀江「えっ，校長先生。あの人，知っているのかな。あんまり理科は得意そうじゃないけどなぁ。でも，それはいい考えだ。聞いてみようか。じゃあ，予想を立ててみようよ。校長先生は知っていると思う人，少ないね，3人。知らないだろうという人，あ，多いですね。どうして」
だれか「だって，デブッとしているだけで，わかりそうもないもん」
だれか「先生のような理科オンチを雇うようでは，それを雇った校長先生だって理科オンチだと思うよ」

電気は消えちゃうのかな
―― 10時間目 ――

堀江「今日は，なお子ちゃんのお母さんが来てくださっています」
竹村君「ぼくのお母さんも来るって言ってたよ」
堀江「そう，よかったね。じゃあ，今日は，エナメル線について少し詳しく勉強します。エナメル線は……」
田久保君「先生，そんなことより，昨日のことはどうしたの。校長先生に聞いた？」
堀江「ああ，そうでしたね。〈なぜ電池が温まっちゃうんだろう〉という問題ですね。校長先生に聞いてこいっていうんで，ちゃんと聞いてきましたよ」
子どもたち「やったぁ」「やったった。で，どうだった」（嬉しそう）
堀江「知ってたと思う？」
子どもたち「わかんない」「知らないと思う」「知らない。知らない」
堀江「アッハッハッハッ。みんなの予想，当たり。知りませんでした，校長先生は」

子どもたち「ワー，ハッハッハッ」（大喜び）

堀江「でもね，理科オンチは堀江先生や校長先生だけじゃなかったみたい。だって，ほかの先生にも聞いてみたけど，みんな知りませんでしたよ。〈エッ，電池が熱くなることなんてあるの？〉なんていってる先生もいるのだから，先生方も理科オンチの人，多いんじゃないかな」

子どもたち「エー，エー」（とても信じられないという顔）

だれか「じゃあ，理科の先生は？」

堀江「ウーン，理科の先生ね。じゃあ，学校で理科に一番強い先生，だれだかわかる？」

子どもたち「理科の先生でしょ」

堀江「理科の先生じゃないけど，みんな〈きゃあ，こわい〉っていう先生。だれだかわかる？」

子どもたち「（声をそろえて）アー，藤田先生」

堀江「そう，藤田先生に聞いてきたの。でも，ほんとはやさしいんですよ」

子どもたち「あの先生，知ってんの」

堀江「そう，だから，今日はエナメル線のお話が終わったら，なぜ電池が温かくなるのかをその次に話します。それでいいですか」

子どもたち「ハイ」

【エナメル線の話】

エナメル線は電気をよく通す銅の針金のまわりに，エナメルという電気を通さないものがぬってあります。

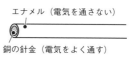

エナメルは電気を通さないので，エナメル線をつなぐ時に，エナメルをはがさないでつなぐと，電気の通る道がなくなってしまいます。だから，必ずエナメルをはがしてつなぐのです。

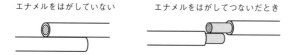

エナメルをぬるかわりに，銅の針金のまわりを絹の糸で巻いたものや，ビニー

ルで巻いたものや，ゴムで巻いたものもありますが，知っていますか？
　もし，銅線のまわりを電気を通さないものでぬったり，巻いたりしてなかったら，どんな不便なことがありますか？　電気がどう流れるか，赤エンピツで描いてみましょう。

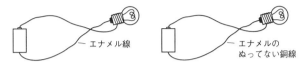

堀江「エナメルのぬってない銅線をねじってつなげたとき（図36），アのところでショートして，マイナスの方に入っていくんだそうです。藤田先生に聞いた話ですけど，みんなは遠回りしていくのと，近道をいくのと，どっちが好きですか？」

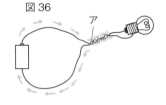

子どもたち「近道。そりゃあ，近道だよ」

堀江「電気もみんなと同じなんですって。絶対，遠回りしないんですって。だから，豆電球の方にはいかないんです。これでは，豆電球はつきませんね。じゃあ，ショートしたとき，どうして電池が熱くなるかというと，さっき松ちゃんが言ってたんですけど，Aのようにつなげると，やっぱり電池は熱くなるんです。Bのときには，電気は光として使われます

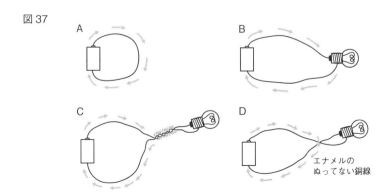

が，Cのようにショートしたときには，豆電球にまで電気がまわらなくて，光にも熱にも使われないから，はたらかせどころがないまま，どんどん電池に戻っていくわけです。だから，電池が熱をもってしまうんだそうです。電気の流れは，AもCもDも同じです」

子どもたち「へーェ，へーェ」

堀江「エナメルがぬってある場合は電気を通さないので，ショートしないわけです。だから，豆電球はつきます」

小さな科学者たちへの手紙

堀江晴美

電気の流れって難しいですね。ショートした場合は，どこに電気がいくのかわからなくて，わたしも，ももちゃん（＝百瀬君）と同じところで，シンコクに悩んでしまいました。どうやら，「電気のゆくえ」は先生方にもわからなかったようです。

「赤エンピツで道すじをかいてください」と頼むと，ショートしたところまではかいてくれるのですが，「その先は？」というと，やっぱり悩んでしまうのです。中には，「いったりきたりするんだよ」と教えてくれた人もいました。そう考えると，君たちの中で正解が26人も出たというのは立派です。

エンピツが電気を通すなんて，そんな……

── 11時間目 ──

【問題17】
　次のようにつないだら，豆電球はつくと思いますか。

① 　　　　　② 木綿糸　　　　③

（図：①はさみ　②木綿糸　③茶碗）

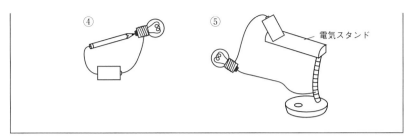

(母親参観者3人と，カメラマンとして藤田先生も参加)

田久保君「センセー，①のはさみは，色，ぬってあるの？」

堀江「これにしましょう」（私の取り上げたはさみには，握りに黒の塗料がぬってありました）

田久保君「あっ，そう。あれだって」

藤田先生「子どもが気にしているのは，塗料がぬってあるかどうかだよ」（あせって，内緒で教えてくれる）

堀江「エッ？ 塗料がぬってあるのとぬってないので，ちがうんですか」（またまた，ヘマなことをしてしまったようです）

「はさみをかえます。こっち（ぜんぜん塗料がぬってない）にします」

子どもたち「先生，注意されちゃったあ」

だれか「⑤のところは何でできてるの。鉄かな。アルミかな」

堀江「藤田先生，なんでできてるんですか。鉄ですか」

藤田先生「鉄でいいんです」

堀江「鉄だそうです。③は湯のみ茶碗，④はふつうの黒い芯のエンピツ。君たちが字を書くとき使うので考えてみてください」

── ①について

堀江「①番から見ていきましょう。」

子どもたち「ハーイ，わけ，わけ」

田久保君（○）「さっき先生がやったように，はさみに黒い塗料がぬって

予想分布	○	×
①	34	0
②	1	33
③	1	33
④	1→0	33→34
⑤	31	3

あればつかないけど，なにもぬってないからつくと思います」

――②について

植草君（×）「きんちゃん（＝高津君）に言いたいんですけど，木綿糸は鉄ではないから，つかないと思いまーす」

小柳君（×）「木綿糸は，電気を通さないし，鉄でもないから，ぼくはつかないと思いまーす」

――③について

下水流君（×）「針金は，金属でできているからつくけど，茶碗は，瀬戸物でできているから，つかないと思う」

――④について

植草君（×）「真ん中の木を削って，エンピツの芯を出して，つければつくと思うけど，真ん中を削ってないから，つかないと思う」

栗原君（×）「言いたい。植草君に言いたい。エンピツは黒鉛でできていて，電気を通さないものでできてるんですよ」

百瀬君（×）「黒鉛と粘土だぞ」

堀江「エンピツって黒鉛と粘土でできてるの。よく知っていますね」

田久保君（×）「電気を通すのは金属や金物だから，これは金属や金物ではないから，つかないと思う」

小林香さん（×）「まわりが木でできているから，つかないと思う」

――⑤について

永田さん（○）「これは，鉄でできているからつく」

伊藤幸君（○）「曲がって光っているところは鉄でできているから，つくと思う。それに，幼稚園の図鑑にね，金属は電気を通すって書いてあったからつく。ほかのところは，プラスチックとかでつくってあるからつかない」

竹村君（○）「鉄はね，磁石でやったときもついたから，電気もつくと思う」

〔問題17〕の結果
① (○)　② (×)　③ (×)　④ (○)　⑤ (○)

小さな科学者たちへの手紙

堀江晴美

　どうも実験が下手で，君たちをいらいらさせることが多くて，申し訳ないなぁと思っているのですが，今日はエンピツがなかなかうまくいきませんでした。しかし，ミーちゃんがエンピツの芯だけ抜き取ったものを持っていたので，それを借りてやってみました。全員が「つかない」というなかで，わたしがしつこく実験を繰り返すうちに，みんなだんだん不安になってきて，「つくの？　つくの？」と気にしはじめましたね。そんなときです，みごとに豆電球に明かりが灯ったのは。「ウワー」という，一瞬のどよめき。今までのどの結果よりも驚いてしまいましたね。中でも，お母さんたちの，ことばでは言い表せない，ため息とも叫び声ともつかない低い声が，わたしの耳から離れません。

銀紙は電気を通さないか①
—— 12時間目 ——

【問題18】
　次のようにつないだら，豆電球はつくと思いますか。

ブリキの板

銀紙

だれか「ブリキの板って，ナーに？」

堀江「プリントにはブリキと書いてあるんですけど，ブリキがなかったので，トタンで考えてみてください」

竹村君「トタンって，ナーに。鉄？」

堀江「はい，中は鉄でできています。でも，ブリキもトタンもそのうえ

にメッキがしてあるんです。そのメッキがブリキとトタンとではちがうんです。どちらのメッキも電気は通します」

子どもたち「あっ，言っちゃった。先生言っちゃったァー。電気通すって，言っちゃったァ」

予想分布	ブリキ	銀紙
○	32 → 34	4
×	2 → 0	30

堀江「(失敗，一言多かった) でも，つなぎ方だってあるし……。それから，銀紙はこれで考えてください。よくお母さんたちが料理でものを包むときに使ってるでしょ。アルミ箔といいます」

だれか「センセー。銀紙のほう。豆電球は電池につけてるんですか」

堀江「エッ，ナーに。あっ，ごめんなさい。図がわるかったわね。豆電球はくっつけて考えてください。ごめん。許して」(豆電球を電池につけないでかいてしまったのでした)

子どもたち「もう，先生は。いいよ，いいよ。ぼくヘンだと思ったけど，最初からそうやって考えてたよ。大丈夫なのだ」

堀江「銀紙の方はどうですか」

小林香さん (×)「あのね，銀紙はきらきら光っててね，いくら電気を通しそうな色をしてたって，色がぬってあるみたいだから，電気は通さない」

伊藤幸君 (×)「もし色がぬってなくたって，紙は電気を通さない」

竹村君 (○)「ぼくは，通すって思うほうなんだけど。科学の本で見たんだけど，銀紙は通すって書いてあったみたい」

栗原君 (×)「折り紙で銀色の紙があるでしょ。あれは，紙に色をぬってあるんだから，通さないと思う」

〔問題 18〕の結果
　ブリキの板──(○)　　銀紙 (アルミ箔) ── (○)

銀紙は電気を通さないか②
── 13時間目 ──

堀江「銀紙にも色々なものがあるようですので，折り紙の銀紙はどうなのかということを考えてみようと思います。次に，ふつう銀紙といったら，チョコレートやタバコの箱に入っているものを指すのではないかと思いますので，それについても考えてみたいと思います」（母親の参観者は5人）

子どもたち「やろう。やろう」

堀江「折り紙の銀紙はどうですか」

──通すと思う（○）…4人

通さないと思う（×）…33人（＋3）〔＊＋の数字はお母さん〕

堀江「タバコのピースの銀紙はどうですか」

──通すと思う（○）…32人（＋4）

通さないと思う（×）…5人

中林君「折り紙は紙のうえに何か色をぬってあるから，つかないと思う」
「ピースの銀紙は，たばこの中に入っているでしょ。だから，たばこに火がついたら燃えてしまうでしょ。だから，通す」

堀江「じゃあ，やってみましょうね。折り紙の銀紙からいきますよ」

子どもたち「だいたいつかねえぞ，ナ」「つかないよ」（ガヤガヤ）

> 実験の結果
> 折り紙の銀紙──電気を通す（○）

百瀬君（○）「やったぁ。ももちゃんの勝ちだ」

子どもたち「ギャー，ギャー」「ワァー，ワァー」

本庄さん「ぬってあるものが，電気を通すものなんだ」

堀江「つきましたね。金紙はつくのかな，といっている人もいるので，やってみましょうか」

堀江「金紙は電気を通すかな」
── 通すと思う（○）…36人（＋3）
　　通さないと思う（×）…1人
堀江「やってみますよ」

> 実験の結果
> 　折り紙の金紙──電気を通さない（×）

植草君「やったぁ」（ワァー，ワァー）
子どもたち「予想変更，予想変更」「当たったぁ，当たったぁ」
堀江「終わってから予想変更するの？　反則」
堀江「ピースの銀紙をやってみますよ」

> 実験の結果
> 　タバコ（ピース）の銀紙──電気を通す（○）

子どもたち「やったぁ，やったぁ，ついたぁ」「つきました。ついたね」
　ここで，授業書のお話を読んであげる。

> 【電気を通すもの／通さないものと金属の話】
> 　わたしたちのまわりには，電気を通すものと電気を通さないものとがあります。
> 　瀬戸物や木や紙やプラスチックや布は電気を通しません。
> 　鉄や銅やアルミニウムや真鍮やニッケルやブリキは，ひとまとめにして，金属（金物）といいます。金属（金物）はどれもよく電気を通します。
> 　鉛筆の芯は，金属（金物）ではありませんが，電気を通します。
> 　銀紙は，名前が紙みたいですが，アルミニウムという金属を薄くしたものですから，電気をよく通します。

　＊〔⑤ソケットの仕組みと電気の通る道すじ〕は省略。

スイッチ，全員作れたのだぁ
―― 14時間目 ――

⑥ スイッチと電気の通る道すじ

【質問】
　図の豆電球を自由につけたり，消したりするのにスイッチを使うと便利です。点線のところをどんなしくみにしたら，スイッチになるでしょう。考えの浮かんだ人は発表してください。

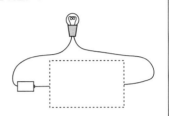

堀江「考えの浮かんだ人は，黒板に書いて発表してください」

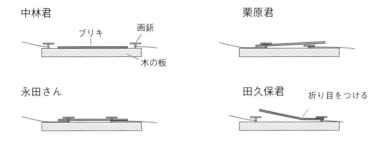

竹村君「ハーイ，中林君のはおかしい。トタンと画鋲が離れていたら，くっつかない。

まみちゃん「永田さんみたいに，くっつけないとだめ」

堀江「このほかに考えた人はいませんか。さあ，これでつくのか，楽しみですね。では，スイッチの話を読んであげますので，そしたら作ってください」

子どもたち「ギャー，ギャー」「ワァー，ワァー」（すごい騒ぎ）

――用意してきた板をパチンパチンならす者あり，取りに走る者あり，とにかくやりたくて仕方ないのである。

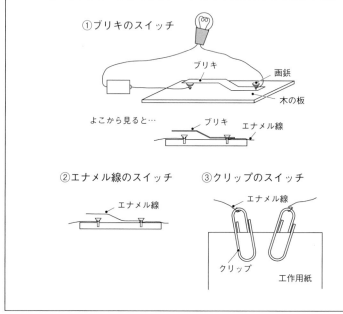

【スイッチの話】
　電球をつけたり消したりするには，電気の通る道を，つなげたり離したりできるようなしくみをつくればいいわけですね。そのようなしくみをスイッチといいます。
　こんなスイッチはいかがですか。これならみなさんでもできますね。

①ブリキのスイッチ
②エナメル線のスイッチ
③クリップのスイッチ

　本庄さんのお父さんが50枚近くの板を持ってきてくださり，忘れた子に渡しても，まだたくさん残るので，一台目はふつうに作り，二台目はその板を使って，「工夫しよう」ということになった。

　今日は，《豆電球と回路》の最後ということでもあり，13人も父母の方が加わってくださり，なかには母子共同製作に励まれた方もあり，楽しい雰囲気のなかで，次々とスイッチが出来上がっていった。

　全員出来上がるのを待って，発表会をした。みんな豆電球をつけたり，消したりした。藤田先生が「ぜひ，見せてほしい」といわれるので，みんなで昼休みに職員室に行くことになった。子どもたちにとっては，職員室というのは，どうもイメージがよくないらしく，戸口でいくぶん尻

込みしていたが，一人入るとドカドカとなだれこみ，そばにいた先生方をまきこんで，再び発表会となった。「これ，どうなってんの？」とか，「へー，よく考えたね」「おもしろい」などと，つけたり消したり，先生方も楽しそうだった。

何人かのスイッチを紹介しよう。

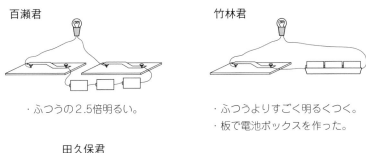

百瀬君
・ふつうの2.5倍明るい。

竹林君
・ふつうよりすごく明るくつく。
・板で電池ボックスを作った。

田久保君
・スイッチを押すとBが明るくつき，Aは消える。
・スイッチをはなすと，AもBも同じ明るさでつく。
・電池ボックスを紙で作ったのも自慢したいところ。

＊

お母さんたちの授業感想

《豆電球と回路》の授業が終わった後で，小さな科学者たちの仲間入りをしたお母さんたちにも，授業感想を書いてくださるようにお願いしてみました。17人ものお母さんが「感想文」を寄せてくださったのです。そのいくつかをご紹介しましょう。

□いまからまた勉強していきたい

先生からの「授業を見にきませんか」のお知らせをいただき，子ども

に「明日，学校へ行くからね」というと，横で主人が子どもに，「お母さん，明日学校へ行くんだって。まちがえたらどうする，健弘」といっています。いままでのプリントやら理科の本で勉強したものの，「むずかしい問題が出たらどうしよう」とドキドキしながら学校へ行きました。でも，楽しく過ごすことができ，また，明日も来たい気持になりました。と同時に，「勉強しなくては」とつくづく思いました。

　授業に参加してはじめて知ったこともあります。また，スイッチのところでは，本を見たり，主人に豆電球がつくように図を描いてもらい，明日のために一生懸命やりました。予想を立ててやる授業はいいですね。子どものつくったアイディアいっぱいの作品（スイッチ）を見て，なんて子どもたちはすばらしいのだろうと思いました。（百瀬則子）

□子どもに教えてもらった
　豆電球の参観に「いちど行くね」といいながら，最後になってしまいました。なるほど，興味があることも手伝っているのでしょう。しかし，みんながわかっているのにはおどろきました。スイッチづくりは見ずに帰ったのですが，多加志が家に持ってきて，また，次々と考え出し，「お母さん，どうしてこうなるかわかる？」とバカにされながら，子どもから教えてもらいました。1年生のときから，わかっていても手があげられず，いつになったら発言するようになるのかと心配していましたが，やっと安心しました。（水上逸子さん）

□親子が共通の話題を持つとき
　1年生のときは，子どもが学校から帰ってまいりますと，よくグチをこぼし，勇気づけにたいへんでした。「先生はいじわるだ。私の言うことをちっともきいてくれない」などと不満だったようです。しかし，そのつっぱねは，子どもを一歩一歩強くさせ，また，ときどきお友だちのように接してくださるので，子どもたちはのびのびと成長してきたように思わ

れます。たしかにお行儀やことばづかいがとても悪いとびっくりしました。しかし，そんなことを気にしていると，自分の思ったことも素直に発表できないのではないか，それよりも自信をつけることの方が大切と考え，あまり気にならなくなりました。

　近ごろでは，入浴の時間が母親の勉強のようです。とくに理科の問題をよく出され，私はよくまちがえます。子どもが得意になって答えてくれます。親と子どもが共通した話題をもつということは，子どもにとってどんなにうれしいことか，ファイトを燃やす源になるか，母親は知ってあげる必要があると思います。（平井悦子さん）

子どもたちの評価と感想

　5段階評価で，38人中36人が「⑤ とてもおもしろかった」，2人が「⑤と④ おもしろかった」のあいだという結果でした。

```
┌─────────────────────────────────────────┬─┐
│   ⑤とてもおもしろかった……36人           │ │
└─────────────────────────────────────────┴─┘
                              ⑤と④のあいだ……2人
                              ③,②,①の評価は0人
```

渡辺和弘君⑤——先生が理科オンチだったけど，とてもおもしろかった。先生はふじ田先生に教わっていた。理科オンチ。でも，先生は頭がいい。先生はばかだ。先生はやくにたって，2年生とってもおもしろかった。

小柳信彦君⑤——なんで銀紙がついて金紙はつかなかったんだろう。もしかして金はつかないのかもしれない。先生は理科オンチだねえ。先生は，あわてんぼうで，おっちょこちょいだよ。先生は絵がへただね。ぼくもへただよ。金紙，銀紙ってどんなものでできているのかなあ。先生じゃ，わからないよね。だって理科オンチなんだもん。

高津欣司君⑤——先生よくがんばったね。ぼくは，先生にもんくはないよ。ぼくは，ちょっとがんばりがなかったんだよ。先生は理科オンチじゃないよ。絵だってみんなへただもん。先生，ぼくは，べんきょうできなかったけど，堀江先生におしえてもらってできるようになったんだ。だから，理科オンチじゃない。ぼくは先生とずっとべんきょうしたい。3年生になっても。

阪田優子さん⑤——私は，はじめまめ電きゅうってどんなことをやるのかわからなかったけど，先生といっしょにやっていたら，おもしろくなった。でも，あのとき，私びっくりしちゃった。だって，えんぴつのしんが電気をとおしたのだもの。思ってもいなかった。先生はほんとに理科おんちだね。まめ電きゅうを電ちからはなしてかいてるんだもん。でも，理科のもんだいをまじめにやっていたら，つまらないじゅぎょうになってるよ。

山口充代さん⑤——先生はずっこけてばかりいるね。先生は，子どもに先生のしゅくだいをやらしてるみたい。先生，しゅくだいは自分でやらなきゃだめだよ。
　先生，まめ電きゅうのスイッチをつくらしてくれてありがとう。こんどはなんのおべんきょう。楽しみにしてるわ。先生は理科オンチだけど，やっぱり理科のおべんきょうがしたいな。先生，もっとおっちょこちょいつづけてよ。おもしろかったからわかった。先生はみんなにいわれてはんせいしているかもしれないけど，私は，ほめてあげるわ。先生とわかれたくないな。

授業記録をとることのすすめ
――あとがきに代えて――

堀江晴美

　《豆電球と回路》の前に,《足はなんぼん？》をやったのですが,そのとき,子どもたちのユニークな発想に感心しました。私は,授業記録をとっておかなかったことをつくづく後悔したものです。そんな矢先,子どもたちが私と別れることを惜しみながら,お別れのプレゼントを持ってきてくれるようになりました。ボンナイフ,消しゴム,手づくりのリボンフラワー,ノートなど,どれにも心が込められていました。子どもたちに「何か私からしてやれることはないかな」と考え,授業記録を取ることに決めたのです。
　だから,この授業記録は,もともとはクラスの子どもたちに向けてつくったものです。しかし,ただまとめるだけでは味がないし,「だいたい教師はいつも子どもにやらせるばかりで,自分のほうから心を開いて,子どもに語りかけることがないなんていうのはけしからんぞ」と思いました。それで,私の授業感想を,「小さな科学者への手紙」というかたちで,その日ごとに書くことにしました。それは,私のひとりごとであり,ときには生活記録でもあります。
　たしかに授業記録を取ることはシンドくて,1日目は何度テープを聴いても,その場面がちっとも再現できず,1日がかりでようやくできたのです。2日目もたいへんで,とても無理していました。ところが,3日目くらいから,とつぜんラクになったのです。いちいちテープを聴かなくても,私の頭のなかにその日の授業のありさまが,まざまざとよみがえってくるのです。そのうちに,テープは補助的に使えばよいことに

なりました。これは、私だけでなく、子どもにとっても大きな成果でした。なぜなら、いままでだったら聞き逃してしまったり、気づかなかったであろう子どもたちの発言を、私自身がつかまえられるようになったからです。そのために、討論が活発になったように思えます。

　私は、討論を活発にするために、吉村七郎さん（故人・仮説実験授業研究会会員）から聞いた「討論に参加するために、考える力をつけるために話をきいたら何かしよう！　動作で、〈うなずく／首をかしげる／首をふる／手をたたく〉、頭のなかで〈サンセイ／ハンタイ／ちょっと待てよ／ほんとかな〉……」という方法を取り入れてやってきました。授業はみちがえるように白熱化しましたが、いま一歩という感じがありました。

　それを打開できたのは、子どもに要求するまえに、私自身が子どもの発言に耳を傾けるべきではないか、ということに気づいたからです。子どもの一言一句を、細大もらさず聴きたいと思うようになりました。子どもの発想の豊かさ、しなやかさに、私は胸が踊りました。そのうちに表情が気になりだし、子どもたちが喜んでいるかどうかが、最大の関心事となりました。子どもたちが驚いたり、喜んだりすると、私まで嬉しくなってしまうのです。

　いつしか授業記録づくりは、私のなかで「おもしろくてやめられないもの」になっていました。子どもたちへのプレゼントとして出発した仕事が、やがて、子どもたちが私に残してくれる、大切な宝ものになったのです。まだ、授業記録を取ったことのない人は、ぜひ、取ることをすすめます。

　最後に、授業記録づくりは、気楽さのなかにも心の緊張感があって、たいへんスリルに満ちていたことを報告しておきたいと思います。記録に残すとなれば、いい加減なことはできません。私が理科にまるでヨワイためにそうなったのかもしれませんが、いろいろな人に聞いたり、百科事典で調べたり、それはそれなりにたいへんでした。私が奮戦してわかったことは、みんな意外と理科オンチなんだな、ということと、むずかしい専門書にかじりついているよりも、子ども向けの本や初等教育になん

らかのかたちで携わっている理科にツヨイ人に聞くほうがよいということでした．身近にそういう人を探すことだと思います．

　教科書とはちがって，仮説実験授業には，教師用指導書などというしろものはありませんが，授業をするときには，ほかの人の授業記録を参考にすると，たいそうよかったことをつけ加えておきます．

> **ぼくらはセンセイ**
> 《豆電球と回路》の授業記録より

★☆中村敬子──おかあさんがひまだったときいてみたら，「１円玉は電気を通さない」といった．こんどは「えんぴつのしんは，電気を通す」ってきいたら，「通さない」といった．こんなにおかあさんがあたまがわるいなんておもわなかった．おかあさんは，じぶんだってあたまがわるいのに，あたしに「ばかだ，ばかだ」といって，自分もあたしよりあたまがだめじゃないのと思った．

★☆田久保和久──おかあさんがせんたくものをしまったときに，「１ｍのせんと２ｍのせんをつかって豆電きゅうにつないだら，どっちが明るいか」といったら，「１ｍのほう」といった．はずれてうれしい．だって，ぼくが知っているのに，おかあさんがしらないんだもん．

★☆児玉晶子──わたしは，おかあさんに理科のもんだいをだしました．でも，すぐにこたえてしまいました．だから，おねえちゃんにだしてみました．おかえしです．おねえちゃんなんか少ししかできない．エヘヘ，ざまあみろ．にくいだろう．くやしかったら，おかえししてみろ．できないだろう．でも，もう理科はおわり．もう一かいでもいいから，ホリエ先生と理科をしたい．

おねえちゃんがやられたかお

授業書
《まめ電きゅうと回ろ》
1972年版

　この授業書は，現在《電池と回路》の名称で知られている授業書の1972年当時の版です。

　今回の再録にあたり，図版はすべて改めましたが，内容上の改変を伴うような修正は行っていません（「問題20」のみ，現在の硬貨事情に合わせて問題文を変更してあります）。また，漢字の使用は，小学2年生までに習う漢字に限定し，例外となる箇所にはルビを振るか，（　）によみがなを添えました。

　授業する際は，必ず仮説実験授業の運営法に則って授業を進めてください。授業運営法については，『仮説実験授業のABC』に詳しく解説されています。また印刷の際は，ページ番号の上に＊がついているところ（ex. 20）は裏面が白紙になるようにして印刷してください。

　なお，この授業書についての詳しい解説や実験上の注意は，『授業書研究双書 電池と回路』（仮説実験授業研究会／板倉聖宣 編，1988，国土社）をご参照ください。出版元の国土社では品切れになっていますが，仮説社の方にいくらか在庫があります。入手ご希望の方は，仮説社までお問い合わせください。

〔授業をする上で必要な実験器具〕
　□1.5V豆電球　　□豆電球用のソケット　　□1.5Vの乾電池　　□銅線
　□エナメル線　　□針金　　□鉄製のハサミ　　□木綿糸　　□鉛筆
　□茶碗〔瀬戸物〕　　□電気スタンド〔鉄製〕　　□ブリキの板　　□銀紙
　□アルミホイル　　□画鋲　　□ゼムクリップ　　□木の板
　□1円玉，5円玉，10円玉，昔の50円玉〔ニッケル素材〕，100円玉
　□紙やすりorカッターor皮むきニッパー

授業書
《まめ電きゅうと回ろ》
1972年版

1 電気のながれ方

【やってみよう】

ここに,「まめ電きゅう」と「電線」(=どうのはり金)と「電池」があります。

あなたは,この3つをつないで,まめ電きゅうをつけることができると思いますか。

ア.できる。

イ.たぶんできる。

ウ.できそうにない。

それでは自分でつけてみましょう。

つかなかったら,友だちや先生につけかたを教わってから,やってみましょう。

ついた人は,どうしたらつくのか,うらに絵でかいてみましょう。

【しつもん】

　電線の中を，電気はどうながれていると思いますか。あなたの考えは，つぎのどれですか。みんなの考えを出し合ってみましょう。

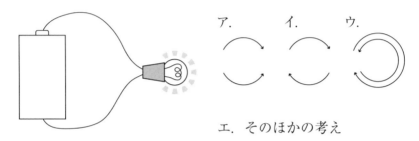

エ．そのほかの考え

　どの考えが正しいかは，ちょっとおあずけにしておいて，つぎのもんだいを考えてみましょう。

【もんだい１】

　下のようにしてまめ電きゅうをつけたら，ＡとＢでは明るさはどうなるでしょう。

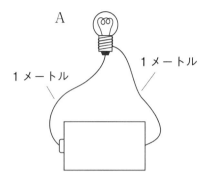
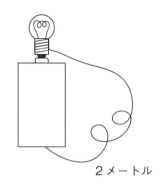

よそう

　ア．ＡもＢも明るさは同じ。

　イ．Ａの方が明るくつく。

　ウ．Ｂの方が明るくつく。

　エ．そのほかの考え。

けっか（　　　　　　）

【もんだい２】

　まめ電きゅう１こと，電池２こと，どうのはり金を２本よういして，下のようにつないだら，まめ電きゅうはつくでしょうか。

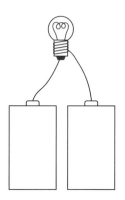

よそう

　ア．つくと思う。

　イ．つかないと思う。

　ウ．そのほかの考え。

　みんなのよそうを出し合って，わけがある人がはっぴょうしてからじっけんしてたしかめましょう。

けっか（　　　　　　）

【もんだい3】

　こんどは，前と同じ道ぐを使って，下のようにつないだら，まめ電きゅうはつくでしょうか。

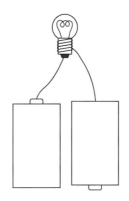

よそう

　ア．つくと思う。

　イ．つかないと思う。

　ウ．そのほかの考え。

　みんなの考えを出し合ってから，じっけんでたしかめましょう。

けっか（　　　　　　）

84

【電気のながれかたの話】

　まめ電きゅうを光らせるのには、電気が通るひとつづきの道がひつようです。この道のとちゅうに、まめ電きゅうが入っていて、電気がまめ電きゅうの中を通るようにするのです。

　電気の通る道はグルっと1しゅうつながっていなければなりません。道がとちゅうで切れていると、電気はながれません。

　しかし、道だけできてもだめです。グルっと1しゅうつながった道のとちゅうに、電池が入っていることがひつようです。

　電池は、目に見えないすごく小さい電気のつぶ（科学者(かがくしゃ)はそれを「電子」といっています）を、どんどんおし流すはたらきをします。ちょうど、ポンプで水を流すのににています。電気のながれのことを「電りゅう」といいます。

　電池が電気をおしながすときの出口が（a）のでっぱったところで、これを「プラス（+）の極」といいます。まながれてきた電気の入り口が（b）です。これを「マイナス（-）の極」といいます。

　電池のプラス（+）極から押し出された電気が、道を通ってながれていき、グルっとまわって、電池のマイナス（-）極の方へもどってくるわけです。

このとちゅうで，まめ電きゅうの中の細い線（「フィラメント」といいます）の中を通るときに，細い線が光るのです。

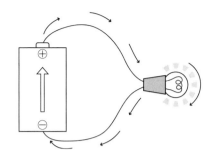

【もんだい４】
　もんだい３では，まめ電きゅうはつきませんでしたね。どうのはり金を１本だけ使って，下のつなぎ方のどこかにつけて，まめ電きゅうをつけるにはどうしたらよいでしょう。下の図にかいてみましょう。

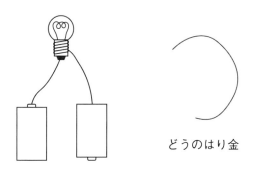

どうのはり金

　みんなの考えをはっぴょうしてもらってから，じっけんでたしかめてみましょう。

けっか

2 まめ電きゅうのしくみと電気の通る道すじ

【もんだい５】

　まめ電きゅうの中には，電気がながれると光るはり金が入っています。どんなようにつながっていると思いますか。みんなの考えを出し合ってから，あとでまめ電きゅうをよく見て，けっかのところに正しい図をかきましょう。

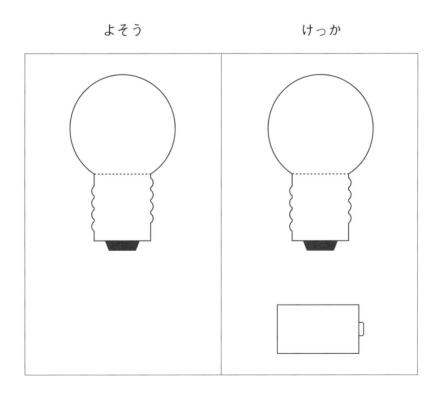

よそう　　　　　　　　けっか

【まめ電きゅうの中のしくみ①】

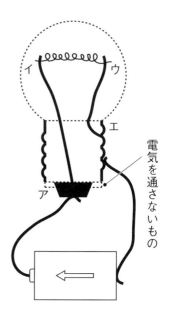

　まめ電きゅうをみると，(ア) のところがでっぱっていますね。ここから (イ) までは見えないところもありますが，電線がつながっています。

　(イ) から (ウ) までは，グルグルとまいた細い線がありますね。これをフィラメントとよびます。電気がフィラメントを通るとき，フィラメントが光るのです。

　(ウ) と (エ) の間も電線がつながっていて，(エ) で口金につないであります。口金は，金ものでできているので電気をよく通します。

　図で点線のところは，ガラスなどの電気を通しにくいものでできています。

　電気の通る道すじを，赤えんぴつでたどってみましょう。

【やってみよう】

　ここに「まめ電きゅう」と「エナメル線」と「電池」があります。

エナメル線

　この3つをつないで，まめ電きゅうをつけてみましょう。
　ついた人は，そのつなぎかたを絵にかいてみましょう。

【もんだい６】

　つぎのようにつないだら，まめ電きゅうはつくでしょうか。つくと思うものは（　　）の中に○，つかないと思うものは×をつけなさい。

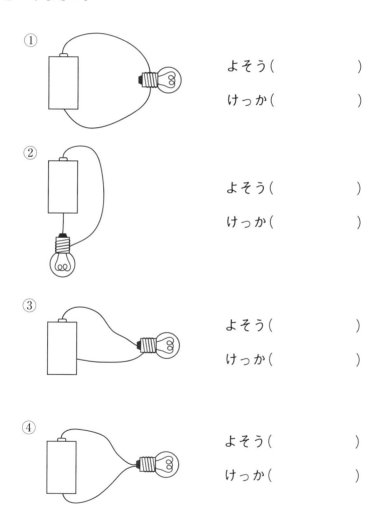

① よそう（　　　　）
　けっか（　　　　）

② よそう（　　　　）
　けっか（　　　　）

③ よそう（　　　　）
　けっか（　　　　）

④ よそう（　　　　）
　けっか（　　　　）

【もんだい7】

　つぎのように電池にまめ電きゅうをつないだら，まめ電きゅうはつくと思いますか。つくと思うものは（　）の中に○，つかないと思うものは×をつけなさい。

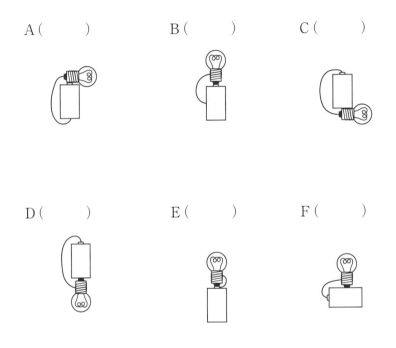

A（　　）　　B（　　）　　C（　　）

D（　　）　　E（　　）　　F（　　）

　みんなの考えを出し合ってから，じっけんしてたしかめましょう。

【もんだい8】
　まめ電きゅうのガラスを，中の線をいためないようにしてわって，電池につないだら，まめ電きゅうはつくでしょうか。

よそう
　ア．つくだろう。
　イ．つかないだろう。
　ウ．ちょっとつくが，すぐきえるだろう。

　みんなの考えを出し合ってから，じっけんしてしらべてみましょう。

けっか（　　　　　　）

【まめ電きゅうの中のしくみ②】

　フィラメントが切れていなければ，まめ電きゅうのガラスはなくても光ることがわかりましたね。でも，ガラスがないと，すぐにフィラメントが切れて，きえてしまうのです。

　フィラメントに電気がながれると光るのは，電気のながれているフィラメントはたくさんのねつを出して，とても高いおんどになるからです。ところが空気中には「酸素（さんそ）」というガスがあって，高い温度になったフィラメントがもえてしまうのです。

　まめ電きゅうのガラスの中には，ふつうの空気とちがう，「窒素（ちっそ）」という，もえないガスだけが入れてあります。フィラメントが高温になっても，もえ切れてしまわないようになっているのです。窒素（ちっそ）のほかにも，アルゴン，ヘリウムなどのガスがつかわれています。どれも高温になったフィラメントをもやさないガスです。はじめはそういうガスが発見されていなかったので，中のガスをみんなぬいて，真空（からっぽ）にしてあった時だいもあります。

【もんだい９】

　こんどは，下の図のようにして，A，B，Cのまめ電きゅうをつないだら，つくでしょうか。

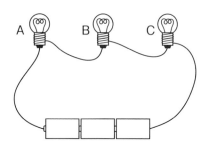

よそう

　ア．つかない。

　イ．A，B，Cとも同じ明るさでつく。

　ウ．A，B，Cのじゅんに明るくつく。

　エ．A，Cが明るく，Bが少しくらくつく。

　オ．Bが明るく，A，Cがが少しくらくつく。

　カ．そのほかの考え。

　みんなの考えを出し合ってから，じっけんしてしらべてみましょう。

けっか（　　　　　　）

③ 電気の通る道すじとエナメル線

【もんだい 10】

　つぎのように，かん電池にエナメル線を 5 メートルずつつないで，まめ電きゅうをつけたら，まめ電きゅうはつくでしょうか。

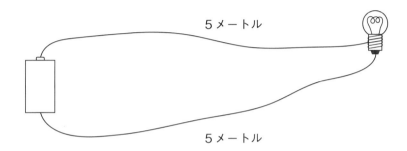

よそう
　ア．つく。
　イ．つかない。

　みんなの考えを出し合ってから，じっけんしてみましょう。

けっか（　　　　　　　）

【もんだい11】
　2かいまでエナメル線を引っぱって、まめ電きゅうをつけたらどうなるでしょう。

よそう
　　ア．つく。
　　イ．つかない。

　みんなの考えを出し合ってから、じっけんしてみましょう。

けっか（　　　　　　）

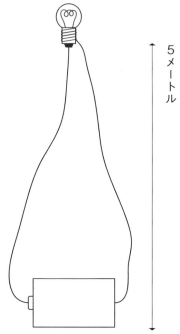

【もんだい12】

　エナメル線をつぎのようにつないだら，まめ電きゅうはつくでしょうか。

①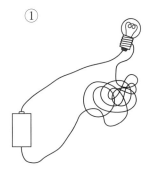

よそう
　ア．つく。
　イ．つかない。

みんなの考えを出し合ってから，じっけんしてみましょう。

けっか（　　　　　　）

②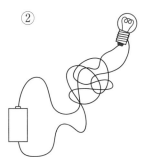

よそう
　ア．つく。
　イ．つかない。

みんなの考えを出し合ってから，じっけんしてみましょう。

けっか（　　　　　　）

【もんだい13】

　こんどは，ふつうのどうのはり金を使ってやってみたらつくでしょうか。

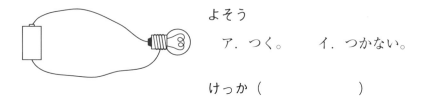

よそう
　ア．つく。　　イ．つかない。

けっか（　　　　　）

【もんだい14】

　どうのはり金でつぎのようにつないでみました。まめ電きゅうはつくでしょうか。

ア．つく。

イ．つかない。

ウ．ちょっとつくが，すぐきえる。

どうしてそう思いますか？　みんなの考えを出しあいましょう。〔ヒント：電気はどのようにながれるでしょう。赤えんぴつでかいて考えましょう〕

けっか（　　　　　）

【もんだい15】

つぎのようにつないだら，まめ電きゅうはつくでしょうか。

①
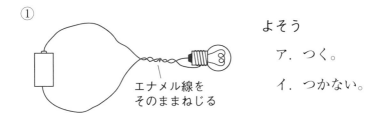

よそう
　ア．つく。
　イ．つかない。

みんなの考えを出し合ってから，じっけんしてみましょう。

②

よそう
　ア．つく。
　イ．つかない。

どうしてそう思いますか？　みんなの考えを出し合ってから，じっけんしてみましょう。〔ヒント：電気はどのようにながれるでしょう。赤えんぴつでかいて考えましょう〕

けっか①（　　　　　　）
けっか②（　　　　　　）

【エナメル線の話】

　エナメル線は，電気をよく通すどうのはり金のまわりに，「エナメル」という電気を通さないものがぬってあります。

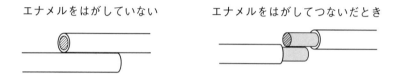

エナメル（電気を通さない）
どうのはり金（電気をよく通す）

　エナメルは電気を通さないので，エナメル線をつなぐ時に，エナメルをはがさないでつなぐと，電気の通る道がなくなってしまいます。だから，必ずエナメルをはがしてつなぐのです。

エナメルをはがしていない　　　エナメルをはがしてつないだとき

　エナメルをぬるかわりに，どうのはり金のまわりをきぬの糸でまいたものや，ビニールでまいたものや，ゴムでまいたものもありますが，知っていますか？

　もし，どう線のまわりを電気を通さないものでぬったり，まいたりしてなかったら，どんなふべんなことがありますか？　電気がどうながれるか，赤えんぴつでかいてみましょう。

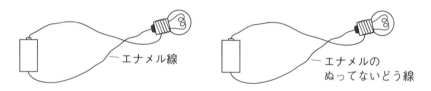

エナメル線　　　　　　　エナメルのぬってないどう線

【もんだい 16】

　ふつうのはり金で，つぎのようにつないでみました。まめ電きゅうはつくでしょうか？

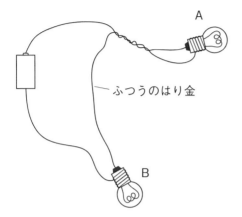

よそう

　ア．Aだけつく。
　イ．Bだけつく。
　ウ．AもBもつく。
　エ．AもBもつかない。
　オ．そのほか。

〔ヒント：電気はどのようにながれるでしょう。赤えんぴつでかいてみましょう〕

　どうしてそう思いましたか？　みんなの考えを出し合ってから，じっけんしてみましょう。

けっか（　　　　　　　）

④ 電気をとおすもの／とおさないもの

【もんだい17】

　つぎのようにつないだら，まめ電きゅうはつくと思いますか。つくと思うものには（　　）に○，つかないと思うものは（　　）に×をつけなさい。

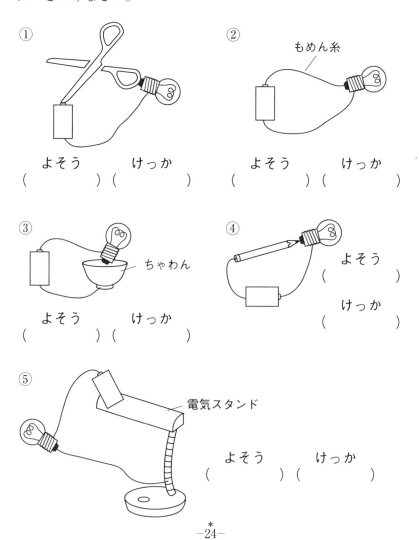

【もんだい 18】

つぎのようにつないだら、まめ電きゅうはつくと思いますか。みんなの考えを出し合ってから、じっけんしてみましょう。

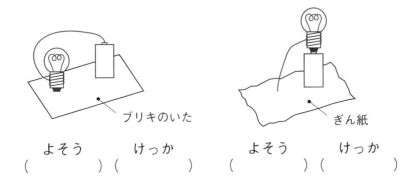

ブリキのいた　　　　　ぎん紙

よそう　　けっか　　　　よそう　　けっか
(　　)(　　　)　　(　　　)(　　　)

【もんだい 19】

つぎのようにつないだら、まめ電きゅうはつくでしょうか。考えを出し合ってからじっけんでたしかめましょう。

よそう　　けっか
(　　　)(　　　)

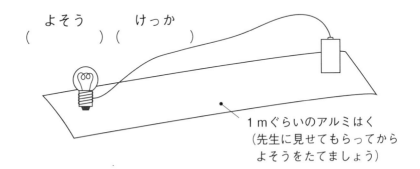

1mぐらいのアルミはく
(先生に見せてもらってから
よそうをたてましょう)

【もんだい 20】

　1円玉は，アルミニウムという金ぞく（金もの）でできています。10円玉は，どうでできています。5円玉は，しんちゅうでできています。むかしの50円玉はニッケルでできていましたが，今のは白どうでできています。100円玉も白どうです。

　さあ，これらのお金は電気を通すでしょうか。通すと思うものは○，通さないと思うものは×を記入しましょう。

	よそう	けっか
1円玉（アルミニウム）		
5円玉（しんちゅう）		
10円玉（どう）		
むかしの50円玉（ニッケル）		
100円玉（白どう）		

【電気を通すもの／通さないもの と 金ぞくの話】

　わたしたちのまわりには，電気を通すものと電気を通さないものとがあります。

　せとものや木や紙やプラスチックやぬのは電気を通しません。

　てつやどうやアルミニウムやしんちゅうやニッケルやブリキは，ひとまとめにして，金ぞく（金もの）といいます。金ぞく（金もの）はどれもよく電気を通します。

　えんぴつのしんは，金ぞく（金もの）ではありませんが，電気を通します。

　ぎん紙は，名前が紙みたいですが，アルミニウムという金ぞくをうすくしたものですから，電気をよく通します。

【けんきゅうもんだい】

　わたしたちのまわりにあるもので，金ぞくでできたものにどんなものがありますか。さがして書き出してみましょう。

⑤ ソケットのしくみと電気の通る道すじ

【もんだい21】

　まめ電きゅうをつかうときに，ソケットがあるとべんりです。ソケットの中はどうなっていると思いますか。よそうしてからしらべてみましょう。外からみると，下のようになっていますね。

　下の図で，黒くぬりつぶしてあるところが金ぞくでできています。下の方から入った2本のどう線がどのようにつながっていると思いますか。

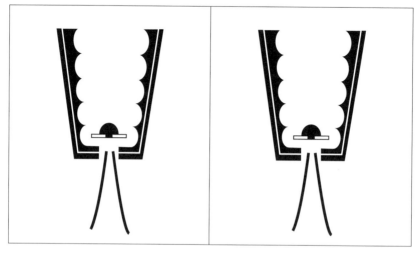

よそう　　　　　　　　けっか

【ソケットのしくみの話】

　ソケットの内がわは，ギザギザのある金ものでできています。ソケットから出ている線の1本はこの金ものにつながっています。

　ソケットのおくの方には，でっぱったところ（カ）があります。ソケットから出ている線の1本は，このでっぱったところにつながっています。

　まめ電きゅうをねじこむと，まめ電きゅうの口金（くちがね）が，内がわのギザギザのある金ものにふれ，まめ電きゅうのでっぱったところ（ア）が，ソケットのおくのでっぱったところ（カ）にふれます。

　さて，まめ電きゅうをソケットにねじこんだとき，電気のながれる道を赤えんぴつでかいてみましょう。

【しつもん】

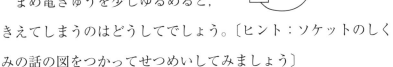

　まめ電きゅうを少しゆるめると，きえてしまうのはどうしてでしょう。〔ヒント：ソケットのしくみの話の図をつかってせつめいしてみましょう〕

6 スイッチと電気の通る道すじ

【しつもん】

　図のまめ電きゅうをじゆうにつけたり，けしたりするのにスイッチをつかうとべんりです。点線のところをどんなしくみにしたら，スイッチになるでしょう。考えのうかんだ人ははっぴょうしてください。

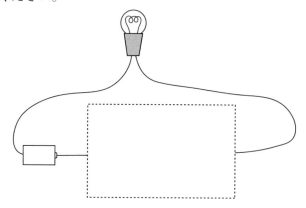

よいと思った図

【スイッチの話】

　電きゅうをつけたりけしたりするには，電気の通る道を，つなげたりはなしたりできるようなしくみをつくればいいわけですね。そのようなしくみを「スイッチ」といいます。

　こんなスイッチはいかがですか。これならみなさんでもできますね。

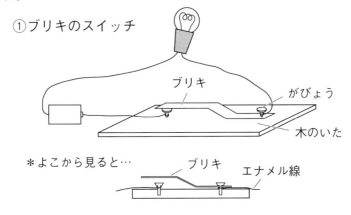

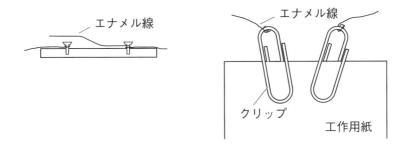

　さぁ，先生にざいりょうをもらって，みんなで作ってみましょう。

（おわり）

〔初出一覧〕

板倉聖宣「理科オンチ教師のための科学入門教育」
──『第Ⅱ期 仮説実験授業研究 第4集』(1975, 仮説社)

堀江晴美「理科オンチ教師のたのしい授業」
──『ひと』1974年6月号, 7月号, 8月号, 10月号（太郎次郎社）

授業書《まめ電きゅうと回路》1972年版
──初掲載。なお, 1972年版授業書の改訂前後の版および現行版（授業書《電池と回路》）に関連する下記の論文は, 『科学教育研究』『仮説実験授業研究』（ともに仮説社）に掲載され, その後『授業書研究双書 電池と回路』(1988, 国土社)にまとめられている。

 (1) 小野田三男「授業書〈まめ電きゅうと回路〉とその授業記録」(『科学教育研究4』1971)
 (2) 高村喜久江・紀久男「授業書〈まめ電球と回路〉の改定案と授業記録」(『科学教育研究9』1972)
 (3) 板倉聖宣「授業書〈電池と回路〉とその解説」(『第Ⅱ期 仮説実験授業研究 第12集』1977)

〔著者・編者紹介〕

板倉聖宣(いたくらきよのぶ)

- 1930年　東京下谷(現・台東区東上野)に生まれる。
- 1958年　物理学の歴史の研究によって理学博士となる。
- 1959年　国立教育研究所(現・国立教育政策研究所)に勤務。
- 1963年　仮説実験授業を提唱。科学教育に関する研究を多数発表。
- 1973年　教育雑誌『ひと』創刊に編集委員として参画。
- 1983年　教育雑誌『たのしい授業』(仮説社)を創刊。編集代表。
- 1995年　国立教育研究所を定年退職(名誉所員)。私立板倉研究室を設立。

仮説実験授業研究会代表。日本科学史学会会長(2013-2016年度)。『科学的とはどういうことか』『科学はどのようにしてつくられてきたか』『科学と科学教育の源流』『原子論の歴史』『増補 日本理科教育史(付・年表)』(仮説社)他多数。

堀江晴美(ほりえはるみ)

- 1947年　千葉県南房総市千倉町に生まれる。
- 1970年　法政大学史学科卒業。千葉県船橋市の小学校に勤務。
- 1974年　仮説実験授業を知り，実践を始める。
- 1978年　松本キミ子さんと出会い，「キミコ方式」による絵画教育の実践を始める。

仮説実験授業研究会会員。ルネサンス高校講師。著書に，松本キミ子さんとの共著『絵のかけない子は私の教師』(仮説社)，『三原色の絵の具箱』(全3巻,ほるぷ出版)がある。

犬塚清和(いぬづかきよかず)

- 1942年　愛知県西尾市に生まれる。
- 1965年　同市で中学校の教員となる。
- 2003年　教員を定年退職。現在，ルネサンス豊田高校校長・ルネサンス高校グループ名誉校長。仮説実験授業研究会事務局長。

著書『教師6年プラス1年』『輝いて！』『こんな学校があってよかった』，共著『熱はどこにたくわえられるか』(仮説社)のほか，編集執筆した本・雑誌は多数。

理科オンチ教師が輝く 科学の授業

2017年8月10日　初版発行(1000部)

著者　板倉聖宣　©ITAKURA KIYONOBU, 2017
　　　堀江晴美　©HORIE HARUMI, 2017
編者　犬塚清和　©INUZUKA KIYOKAZU, 2017
協力　新井秀樹

発行　株式会社 仮説社　〒170-0002 東京都豊島区巣鴨1-14-5　第一松岡ビル3F
　　　電話 03-6902-2121　FAX 03-6902-2125　www.kasetu.co.jp　mail@kasetu.co.jp
　　　装丁　渡辺次郎　印刷・製本　平河工業社
　　　用紙(表紙：モデラトーンシルキー四六Y135kg/本文：モンテルキア菊T41.5kg)

Printed in Japan　　　　　　　　　ISBN 978-4-7735-0284-8 C0337

■仮説社の本

いじめられるということ やまねこブックレット教育篇①

小原茂巳 著　自身の「いじめ」体験といじめられていた子との関係から，学校でのいじめ問題を考え直す。子どもと教師がいい関係なら「いじめ」は陰湿にならない。では「いい関係」をつくるには？　教師の立場からのユニークな「いじめ」対策も提案。　　A5判77ペ　**本体800円**

あきらめの教育学 やまねこブックレット教育篇②

板倉聖宣／小原茂巳／中　一夫 編　「教育学」というのはもともと理想主義的な傾向が強くて，「断固理想を貫き通す」というようなことばかりが言われる。けれども，実はどんな人でもいろんなことをあきらめてる。「あきらめることで人間は人間になってきた」のではないか？　あきらめることを視野に入れて，教育学を根本的に考え直そう！　　A5判77ペ　**本体800円**

国語の授業 きく・はなす・よむ・かく やまねこブックレット教育篇③

山本正次 著／松口一巳 編　長年，国語科「よみかた」授業の研究を続けてきた著者による，やる気さえあれば誰にでもまねのできる国語の授業。明快でシンプルな提案はすぐに役立つ！「きく・はなす・よむ・かく」という国語の基本をどう教えるかを，わかりやすくとく。すきなところがありますか／感動から出発する国語の授業／話しあうことのたのしさをもとめて／誰にでもできる作文指導／「授業」への提言　　A5判79ペ　**本体700円**

熱はどこにたくわえられるか やまねこブックレット教育篇④

板倉聖宣／犬塚清和／大黒美和 著　1700年代に表面化した「熱をよく蓄えられるのは，重いものか，それともかさのあるものか」という論争は，熱の本質に迫る大問題でした。本書は，そうした科学史上の論争をふまえ，コインを使った簡単な実験と問題で，子どもたちが〈熱の本質〉を楽しく学べるテキスト（＝授業書）と授業の記録（小学5年）を収録。　A5判80ペ　**本体800円**

カードゲームでたのしい授業 やまねこブックレット教育篇⑤

淀井　泉 著　特別支援学校（学級）や小学校を中心に，多くの支持者を得て広がりをみせている「カードゲーム」による学習法。子どもたちの競争意識をあおることなく，しかし学習効果が上がると評判の「○○（＝まるまる）めくり」「足算（あしざん）」「かるたdeビンゴ」「配膳式かるた」など，子どもたちの楽しさを徹底的に優先した学習方法を紹介。　　A5判77ペ　**本体800円**

カードゲーム 足算（あしざん）

足の本数を足し算するカードゲーム

淀井　泉 原案／中村　隆 イラスト　裏返しになったカードをめくって，出てきた動物の足の本数を足していく——ただそれだけなのに，やみつきになる面白さ，それが「足算」。集中力，記憶力を高める神経衰弱要素，偶数同士の計算から生まれる心地よさ，そして動物の知識が身に付いていくことから生まれるドリル効果と，いいことずくめのカードゲーム！　〔内容〕専用カード50枚／説明書　　**本体1000円**